아름다운 동역

아름다운 동역

이동원 · 진재혁

규장

프롤로그

새로운 목회 패러다임,
아름다운 동역을 실험하다!

한국 교회에 세대교체가 한창입니다. 그것은 자연의 순리이고 하나님의 경영 법칙입니다. 전도서 기자의 말처럼 한 세대가 가고 또 한 세대가 옵니다.

> 한 세대는 가고 한 세대는 오되 땅은 영원히 있도다 전 1:4

바로 이런 세대교체의 마당에 역사의 집이 지어지고 있습니다. 문제는 그 역사가 과연 퇴보인지 진보인지 가늠하기 어렵다는 사실입니다. 물론 우리는 그 역사가 시대에 걸맞은 진보이기를 바랍니다. 그래서 그 시대에 합당한 주님의 뜻이 이루어지기를 소원합니다.

시행착오를 두려워하지 않는 믿음으로

그런 창조적 진보가 이루어지기 위해 가장 필요한 것, 저는 그것이 열린 마음의 창조적 실험이라고 생각합니다. 해 아래에는 새 것이 없다지만(전 1:9 참조) 그래도 이런 실험은 매우 중요합니다. 또 아무것도 하지 않는 것보다 시행착오를 겪는 것이 낫다는 것이 저의 믿음입니다.

한국 교회의 전형적인 은퇴는 섬기던 교회를 고스란히 뒤로 하는 것이었습니다. 거기에는 그럴 만한 타당한 이유가 있어 왔습니다. 그러나 이제부터 지구촌교회는 은퇴를 넘어선 아름다운 동역을 실험하기로 했습니다. '과거의 경험'과 '새로운 생각'이 어우러진 시너지(synergy), 그것을 미래를 향한 진보와 발전의 에너지로 삼고자 한 것입니다.

저는 전임자가 행정에 관여하지 않으며 후임자를 멘토링 하고 설교의 동역으로 공동체를 섬기는 모델을 선택했습니다. 그 결과에 대한 평가는 시간이 말해줄 것이라 생각합니다.

그러나 지금 전환의 과정을 지내오면서 지구촌 공동체는 적지 않은 흥분과 감사로 축제의 시간들을 보내고 있습니다. 저희의 실험이 누구나 따라할 수 있는 것은 아니라고 생각합니다. 그러나 참고할 만한 제3의 길은 될 수 있을 것입니다.

전임자가 아직도 모든 것을 원격 조정하는 모델과 전임자의 모든 행적이 후임자에 의해 지워지는 모델 사이에서, 우리는 새로운 패러다임의 '아름다운 동역'을 실험하고 싶었습니다.

세대교체의 마당에서 해본 우리의 실험에 대하여, 그 구체적인 전환 과정에 대하여 묻는 분들에게, 아무쪼록 이 책이 하나의 대답이 되기를 바라는 마음으로 이 책을 펴냅니다.

수고해주신 한국 교회 문서선교의 장인(匠人), 규장의 모든 식구들에게 마음 깊은 감사를 드립니다.

주후 2011년 봄,
지구촌교회 원로목사 이동원

프롤로그

1부 아름다운 동역의 비전

1장 은퇴와 동역에 대한 나의 비전 _12
2장 리더십 동역으로 펼쳐가는 하나님나라 _28
3장 주님의 거룩한 교회 비전 _42

2부 아름다운 동역의 선언

4장 새로운 출발 1
  과거를 극복하라 _60

5장 새로운 출발 2
  푯대를 향해 달려가라 _74

차 례

3부 아름다운 동역의 축복

6장 엘리야의 사역
말씀에 입각하여 이루어지는 동역 _86

7장 엘리사의 사역
믿음의 기도로 함께하는 동역 _100

8장 모세의 사역
하나님께 붙들려 쓰임 받는 동역 _112

9장 여호수아의 사역
임마누엘의 약속을 믿는 담대한 동역 _128

10장 바울의 사역
주 예수 그리스도만 따르는 동역 _142

11장 디모데의 사역
오직 복음을 위해 이루어지는 동역 _156

에필로그

great partnership

1부 아름다운 동역의 비전

사실 저에게는 좋은 리더십 승계의 모범을
만들어보고자 하는 사모함이 무엇보다 절실했습니다.
원로목사는 후임 담임목사를 돕고
후임 담임목사 또한 원로목사의 도움을
기꺼이 받아들이는 아름다운 동역을 기대합니다.

1장
은퇴와 동역에 대한
나의 비전

더 일찍 은퇴하여 후임목사를 세우고 그를 진심으로 돕고,
그래서 교회가 잘 서간다면 그것이야말로
사람에게 좌우되는 것이 아니라 주님의 교회임을
반증하는 것이 아니겠는가 하는 생각이 강하게 들었습니다.

양적 성장과 질적 성숙

1993년 11월 둘째 주, 저는 미국에서 한국으로 돌아와 교회 창립을 위한 기도회와 일곱 번의 준비 예배 끝에 1994년 1월 10일 교회 탄생 예배를 드렸습니다. 5월 17일에는 정식으로 지구촌교회가 창립되었음을 대외적으로 선포하는 축제를 가졌습니다. 지구촌교회는 개척한 당해에 이미 1천 여명이 출석하였으며 해를 거듭할수록 수적으로 폭발적인 성장을 기록했습니다.

　1999년 양적 성장의 정점(頂點)에서, 교회 개척 이후 지내온 시간을 돌아보며, 그리고 2000년 뉴 밀레니엄을 앞두고 지구촌교회가 어떤 준비를 해나가야 하는지 고민하는 가운데 비전연구위원회가 발족되었습니다. 1999년과 2000년에 걸쳐 활동한 비전연구위원회에서 교회가 양적으로 성장하면서 동시에 질적 성숙을 유지하기 위해 어떻게 해야 하는지 함께 고민했습니다.

　그러다가 어느 자유 토론 가운데 비전연구위원 중 한 사람이 저에게 자연스럽게 두 가지 문제를 질문했습니다.

　"우리 교회 역시 다른 많은 교회처럼 성장주의를 따라 많은 수가 모이는 교회가 되기를 원하십니까? 지금 우리 교회가 목사님께서 지구촌교회를 개척할 당시 꿈꾼 건강한 교회의 미래로 나아가고 있다고 생각하십니까?"

　'나는 건강한 교회가 하나 더 생기면 그만큼 한국 사회와 한국 교회에 유익하리라는 생각으로 미국 이민 목회를 접고 한국으로 돌아와 지구촌교회를 개척했다. 이제 우리 교회가 수적으로 상당히 성장했다. 그러나 지금 우리는 과연 복음의 영향력을 발휘하는 건강한 미래로 나아가고 있는가?'라는 물음에 직면하게 된 것입니다.

건강하고 성숙한 교회의 비전에 대한 고민

그러던 어느 날 잠실종합운동장 근처를 차를 타고 지나가다가 내 마음속에 그림 하나가 떠올랐습니다. 그것은 서너 시간 야구 경기를 관람하며 환호하고 응원하던 사람들이 경기가 끝나자 아무 일도 없었다는 듯 경기장을 빠져나오는 모습이었습니다.

'지금 우리 교회는 어떤가? 경기 관람이 끝나자 사람들이 썰물처럼 경기장을 빠져나가듯이 우리 교회 교인들 역시 주일마다 각처에서 많은 사람들이 모여들어 1시간 동안 찬양하고 박수 치고 기도하고 은혜 받았다고 하지만, 예배를 마치고 난 뒤 마치 아무 일도 없었던 것처럼 이전과 똑같이 자신의 가정과 일

터로 돌아가 변화 없는 일상의 삶을 이어가는 것은 아닌가?'

저에게 이 점이 짐과 고민이었습니다. 덩치만 컸지 복음의 영향력이 없는 교회는 아닌지, 열광은 있는데 교인들의 삶에 아무런 변화도 가져오지 못하는 교회는 아닌지 하고 말입니다. 저는 성숙하고 건강한 교회의 비전에 대해 다시 생각했습니다.

교회에 대한 비유 중 저는 교회가 예수님의 몸이라는 비유를 가장 좋아합니다. 예수님의 몸 된 교회, 즉 몸이 건강해지려면 몸 하나하나의 세포가 건강해야 합니다. 세포가 하나하나 살아나야 전체적으로 몸이 자라나고 살아 있는 것이지 목사의 설교로만 유지되는 교회는 저도 원하는 바가 아니었습니다.

그때 'Cell Church'라는 단어가 내 머릿속을 스치고 지나갔습니다. 지구촌교회 역시 초창기부터 소그룹을 중시하고, 소그룹 사역을 해왔지만 그 정도가 아니라 역동적으로 살아 있는 '셀'(Cell)을 만들어서 셀 지도자들이 담임목사와 동일한 부담과 열정을 가지고 사역하여, 평신도들이 그 안에서 깊은 신앙의 은혜를 경험하고 말씀과 삶을 나누어 변화되며, 거기서 선교와 이웃 사랑을 구체적으로 실천할 수 있는 셀 교회로 전환하는 것, 그것이 고민의 응답으로 다가왔습니다.

셀 교회로 전환과 변화

그 후 우리는 2000년부터 2년간 셀 교회를 연구하여 사실상 2002년부터 셀 교회를 출범하였으며, 2003년 첫 번째 셀 컨퍼런스를 열어 셀 교회가 되었음을 대외적으로 선포했습니다. 지구촌교회만의 셀 교회에 대한 비전을 갖게 된 것입니다.

지구촌교회는 2003년 말 교회 개척 10년 만에 2만 명을 헤아리는 대형교회(Mega Church)로 성장했습니다. 동시에 '크지만 작은 교회', 대형교회의 강점을 지니면서도 작은 홈(home)의 건강을 유지하고, 대형교회가 지닌 약점을 셀 교회의 강점으로 극복하고자 하는 비전이 우리 공동체 내에 확산되었습니다.

2005년에는 1천 여 개의 목장(청소년 포함 1천 5백 여 목장)으로 명실상부한 셀 교회(목장 교회)를 열어가게 되었으며 2009년에는 2천 목장(청소년 포함 2천 8백 여 목장)에 도달하기에 이르렀습니다.

더 이상 '셀을 가진 교회'(Church with cells)가 아닌 '셀 교회'(Cell Church)로의 전환을 이루게 된 것입니다. 셀 교회로 전환한 뒤 지구촌교회는 진정한 전도 지향적 교회로 자리매김하게 되었습니다. 교인들의 수평이동에 의존하는 교회가 아니라 셀을 중심으로 전도하기 시작하여 그 전도가 구체적인 현장의 열매로 드러나기 시작했습니다. 불신자들을 전도하여 그들이 교회에 새로운 생명으로 편입될 때, 교회는 비로소 전도의 사명을 다하는 교회, 복음의 영향력을 끼치는 교회, 건강한 교회로 설 수 있습니다.

셀 교회를 교회 성장 수단으로 생각하는 사람도 일부 있지만, 궁극적으로 셀 교회는 건강한 교회를 지향합니다. 지금 와서 돌이켜보면 처음 교회를 개척하고 사람들이 많이 몰려올 때보다도 오늘의 우리 교회가 훨씬 더 건강해졌다고 생각합니다. 셀 교회를 하지 않았다면 사람은 많이 모일지 몰라도 구경꾼만 양산하는 교회가 되었을 가능성이 높았습니다.

셀 교회로 전환한 뒤 교인들은 더 행복해졌고 목사에 대한 의존도도 낮아졌습니다. 스스로 기꺼이 신앙생활을 하고, 가정생활이 활성화되고, 직장에서도 보람 있게 일하는 모습들을 보게 됩니다. 우리 교회 교인 한 사람 한 사람이 평신도 선교사가 되고, 교회만 잘 나오는 사람이 아니라 가정과 그가 속한 공동체에 영향력을 끼치는 그리스도인이 되기를 바라보는 새 비전으로 태어난 것입니다.

그런 측면에서 셀 교회로 전환한 후 큰 변화가 있었습니다. 지구촌교회에서는 2003년부터 매년 5월 셀 컨퍼런스를 열어 지구촌교회 목장 사역을 직접 체험해보도록 하여 많은 교회에 '한국형 셀 교회'를 소개하고 있습니다.

교회의 로드십 비전을 위한 나의 결단

양적 성장주의를 우려하여 건강한 교회의 미래를 위한 질적 성숙을 위해 셀 교회로 전환하게 된 것이 비전연구위원회 위원 중 한 사람이 제기한 질문에 대한 응답이었다면, 다른 한 가지 질문은 바로 이 질문이었습니다.

"우리 교회가 이동원 목사 개인의 왕국이 되어가는 것은 아닙니까?"

누군가 웃으며 던진 농담 같아도 저에게 이 질문은 결코 간과할 수 없는 문제이자 화두가 되었습니다. 저는 이 질문을 진지하게 마음에 담아두었고 이 질문을 안고 기도하기 시작했습니다. 그리고 이 질문에 대해 - 말은 안 해도 혹시 그런 생각을 품고 있는 교인이 있을 수 있기 때문에 - 교인들에게 확실한 답을 해야겠다고 마음먹었습니다. 이런 우려를 불식시키기 위해서라도 지도자인 제가 확실히 해야 할 것이 있겠다고 생각했습니다.

우리 교회는 이동원 목사의 교회가 아닌 주님의 교회입니다. 이동원 목사 개인을 의존한다면 그것은 건강한 교회라고 할 수 없기 때문입니다.

그때에 문득 한국 교회에서는 목사가 통상적으로 70세에 정년 은퇴하지만, 저는 더 일찍 은퇴하여 후임목사를 세우고 그를 진심으로 돕고, 그래서 교회가 잘 서간다면 그것이야말로 사람에게 좌우되는 것이 아니라 주님의 교회임을 반증하는 것이 아니겠는가 하는 생각이 강하게 들었습니다.

'내가 물러나도 잘되는 주님의 교회를 위해서 65세에 은퇴하도록 준비하자.'

또 다른 한 가지는 이미 교회를 개척할 때 무소유(無所有) 정신으로 청지기 목회를 하겠다고 개척 멤버들에게 선언한 바 있지만 확실한 마무리의 청사진이 필요하다고 느껴, 흔히 은퇴할 때 목사에게 관례로 지급되는 은퇴비와 주택을 포기하기로 결정한 일입니다.

'내가 지구촌교회를 목회했다는 사실 때문에 받게 될 어떤 경제적인 프리미엄을 포기하자!'

저는 목사가 현역에 있을 때 자기 왕국을 만드느니, 온갖 혜택을 받고 경제적으로 더 많은 것을 누리고, 심지어 은퇴하고 난 뒤에도 적지 않은 돈과 사유 주택을 받기 때문에 목회자가 주님의 교회를 섬겼다기보다 자기 개인을 위해 일했다고 보는 일부 교인들, 그리고 한국 교회를 바라보는 부정적인 시선을 극복해보고 싶었습니다.

부르심에 힘입어 하나님의 은혜로 시작한 목회이기에 순수하게 복음 때문에 교회를 섬겼노라, 그런 간증으로 저의 담임 목회를 결산하고 싶었습니다. 그것이 하나님께서 제게 주신 마음의 부담에 대한 응답이며, 기도하면서 내린 결정이자 저의 신앙고백입니다.

저는 이 결심을 선포하고 구체적으로 준비하기로 마음을 먹었습니다. 또 다른 예배당(분당 성전)을 매입하고 이전하는 시점이던 2003년 봄, 저는 주일 강단에서 이를 선포한 바 있습니다.

조기 은퇴와 동역에 대한 비전

물론 이것을 처음 선포했을 때 교인들의 반응은 크게 달랐습니다. 아직 시간도 많이 남았는데 '조기은퇴' 선언이라니 이해할 수 없다는 것입니다. 그렇지만 저는 은퇴만이 아닌 은퇴를 넘어선 아름다운 동역의 비전을 나누어 교회도 일찌감치 이를 준비하도록 해야 한다는 필요를 느꼈습니다.

실제로 성경에 나오는 리더십 교체의 예를 살펴보면, 정년을 몇 살로 한다거나 하는 연령 구분이 있는 것이 아니며 매우 자연스럽게 이루어졌다는 것을 알 수 있습니다. 우선 리더와 함께 가까이서 일하던 사람들 가운데 하나님께서 부상시키시는 사람이 있습니다. 현재의 리더가 그를 세워 일정한 기간 동안 동역하다가 하나님의 타이밍에, 본래 리더였던 사람과 또 주변에 있는 하나님의 백성들이 모두 인정할 때, 가장 자연스럽게 사역의 바통이 이어졌습니다. 모세와 여호수아의 경우, 엘리야와 엘리사의 경우, 바울과 디모데의 경우가 그 대표적인 케이스입니다.

그런데 한국 교회에서 통상적으로 일어나는 원로목사와 담임목사와의 갈등을 살펴보면, 일종의 힘에 대한 갈등임을 알 수 있습니다. 원로목사는 담임목회를 그만둬도 계속 영향력을 행사하고 힘을 유지하겠다고 하고, 담임목사는 이제부터 자신이 할 테니 사역에서 완전히 손을 떼라 하고, 거기서 일어나는 온갖 역기능적인 상처와 반작용, 이것이 한국 교회가 겪고 있는 갈등의 원인이라고 생각되었습니다.

'그렇다면 한국 교회가 기대하는 바람직한 원로목사상은 무엇일까? 은퇴하는 그날부터 당장 본 교회에 나오지 않고, 모든 사역에 어떤 영향력도 끼치지 않는 것일까?'

그렇지만 저는 아무리 생각해봐도 그것이 성경적 모델인 것 같지 않았습니다. 성경에 그런 사례가 없기 때문입니다. 대신 저는 모세와 여호수아 사이에 있었던 섬김과 비전의 동역, 엘리야와 엘리사 사이에 일어난 아름다운 세대교체, 바울이 지속적으로 디모데를 세우기 위해 애쓰고, 마지막까지 디모데를 격려하여 에베소교회를 맡게 하고, 디모데를 위해 중보기도 한 일, 그런 디모데가 바울에게 얼마나 큰 위로가 되었는가 하는 그림들이 하나하나 떠올랐습니다.

'그런 아름다운 동역이 한국 교회에서도 일어날 수 있다면…'

제 안에 이 소원이 자라나고 있었습니다. 제가 좀 더 일찍 은퇴하기로 결심한 것도 후임자를 세워 일정 기간 동역함으로써 교회를 신속히 안정화시키는 것이 좋겠다고 생각했기 때문입니다. 제가 담임목사 직에서 물러나더라도 일정 기간 동역한다면 점진적이고 안정적으로 교회 리더십이 승계될 수 있으리라는 생각에서 성경적 모델을 사모하게 된 것입니다.

은퇴는 끝이 아니다

은퇴를 준비하면서 저는 마음속으로 몇 가지를 정리해보았습니다.

먼저 저에게 은퇴란 더 이상 일을 하지 않겠다는 개념이 아니라는 점을 분명히 하고 싶습니다. 오히려 새로운 일을 하고 싶기 때문에 은퇴하는 것입니다. 그런 의미에서 저는 은퇴를 억지로 한 것이 아니라 기쁨으로 했습니다. 하지만 저는 다른 모든 한국 교회 목회자들이 저처럼 해야 한다고 생각하지는 않습니다.

사실 저는 이민 목회를 경험해서 그런지 서구 문화나 서구적 사고방식에 익숙합니다. 또 미국에서 이미 고령화 사회를 경험한 터라 은퇴라는 개념 이해가 조금 달랐습니다. 은퇴는 영어로 'retirement', "바퀴를 갈아 끼운다"라는 뜻입니다. 서구 사람들은 대부분 65세를 전후로 은퇴한 뒤 그 나이에 맞는 새 일을 찾습니다. 더 이상 아무 일도 안 하는 것이 아닙니다. 새 일을 해내기에 70세라는 나이가 늦을 수도 있으니 좀 더 일찍 은퇴하여 나이에 걸맞은 새 일을 찾는다면 새로운 사역을 오히려 더 오래 감당할 수 있고 그 일을 더 잘 수행할 수 있습니다.

인간은 본능적으로 성공을 추구하는 존재입니다. 그것은 세속의 가치관에 동의하든 그렇지 않든, 믿는 사람이나 불신자나 마찬가지입니다. 그래서 사람들은 자신의 삶을 성공시키기 위해 몰두하고, 그러다보면 어느 정도 성취를 경험하기도 하고, 실패를 경험하기도 합니다.

그런데 인생의 후반전을 향해 갈수록, 특별히 은퇴가 가까워 오면서 인생에서 더 중요한 것은 '성공'이 아니라 '의미'라는 것을 깨닫게 됩니다. 은퇴한 이후에야 더 말할 것도 없이 말입니다.

모든 성도, 모든 사역자에게도 하나님 앞에서 결산할 때가 다가옵니다. 그때가 다가올수록 특별한 활동으로 무엇을 더 성취하려고 하기보다는 얼마나 의미 있는 일을 하여 후회 없이 생을 마감하느냐가 중요해지는 것입니다. 그렇기 때문에 은퇴를 앞두고 있고 생의 마지막을 향해 걸어가는 사람들에게 가장 소중한 충고는 그 나이에 맞는 의미 있는 사역을 추구하라는 것입니다.

예수회의 사제이자 교수인 헨리 나우웬 역시 마지막에 데이브레이크(Daybreak)라는 캐나다의 정신지체장애인 공동체에 들어가 그들과 함께 생활하며 몇 사람의 장애인들을 섬기는 일로 생을 마감했습니다.

젊었을 때는 온갖 일을 마다하지 않고 다 하지만 나이가 들수록 열정은 있어도 실제로 그렇게 못하는 일이 많아집니다. 따라서 작은 사역이라도 그 나이에 걸맞은 사역을 해야 합니다. 개인적으로 무언가를 더 얻으려고 하기보다 함께 나누고 섬기는 사역, 보람을 느낄 수 있는 사역이 의미가 있다고 생각합니다.

아름다운 은퇴를 준비하라

은퇴를 맞이하는 사람들에게도 자신의 은사를 살려서 할 수 있는 일들이 반드시 있습니다. 그런데 그 일들은 적어도 은퇴하기 10년 전부터 생각하고 준비해야 합니다. 저 역시 10년 전부터 마음의 그림을 그리고 그 사역을 준비했습니다.

특별히 저는 후배 목회자나 평신도 지도자들을 훈련하는 새로운 비전을 보게 되었습니다. 개인적으로 후배 사역자들을 가르치는 일(Teaching), 훈련시키는 사역(Training) 그리고 멘토링(Mentoring)과 카운슬링(Counseling)으로 미래의 리더십을 세우는 사역을 위한 준비를 단계적으로 착수해왔습니다.

은퇴한 이후에도 그 나이에 맞게 할 수 있는 후반전 사역의 빛깔은 매우 다양합니다. 이를테면 은퇴한 목회자가 새로 교회를 개척한다고 생각해보십시오. 젊었을 때는 물불을 가리지 않고 하기 때문에 그만큼 시행착오도 많이 겪습니다만, 나이가 지긋한 목회자는 경험이 많기 때문에 큰 실수가 없고, 사람이 많이 모이지 않아도 괘념치 않으며, 자신을 필요로 하는 곳으로 가서 소신껏 개척 사역을 할 수 있다는 장점이 있습니다. 선교지 역시 마찬가지입니다. 우리가 할 수 있는 사역, 우리가 갈 수 있는 사역지가 얼마나 많은지 모릅니다.

그런 의미에서 경험이 많은 사역자들을 활용하는 'Senior

Mission'이 확대될 필요가 있습니다. 목회적 차원뿐만 아니라 평신도 사역에도 동일한 원리를 적용할 수 있습니다. 저는 평신도들을 대상으로 설교할 기회가 있을 때마다 이 이야기를 빼놓지 않고 합니다. 바로 '시니어 미셔너리'(Senior Missionary)로 구비되도록 하는 일입니다. 선교지로 가서 전문 분야에 종사한 시니어로서의 경험을 살려 선교지의 상황에 맞는 적절한 도움을 주고, 현지 선교사와 함께 동역한다면 그것으로 얼마나 의미 있는 은퇴 계획이 되겠습니까?

저 역시 은퇴하더라도 교회와 후임목사에게 어느 정도 진정성 있는 도움을 줄 수 있으리라 기대하고 생각했습니다. 은퇴했다고 해서 아무 사역도 하지 않는다면 그것이 오히려 후임자와 교회에 부담이 될 수 있습니다. 그래서 저는 은퇴 이전부터 새로운 사역을 준비하고 시작했습니다. 새로운 사역이라고 하지만 그것은 지금까지 제가 지구촌교회에서 해온 사역 중에서도 교회 외부를 돕던 사역을 말합니다. 은퇴 이후 저는 지구촌교회에 매이지 않으면서 이 사역들을 통해 한국 교회를 더 폭넓게 섬기기 위해 노력하고자 준비한 것입니다.

2장
리더십 동역으로 펼쳐가는
하나님나라

소통이 되지 않으면 아픔을 느낍니다.
그렇기 때문에 우선 창립 리더십과 승계 리더십,
선임 리더십과 후임 리더십 사이에 무엇보다
긴밀한 소통이 이루어져야 한다고 믿었습니다.

동역으로 펼쳐가는 하나님나라 비전

지구촌교회는 2009년 지구촌교회 창립 15주년을 앞둔 2008년 말에 비전연구위원회(vision study committee)를 다시 한번 발족하였습니다. 이번 비전연구위원회에서는 제가 65세에 담임목사 직을 사임하는 일과 그에 따른 후임을 정하는 담임목사 청빙 문제가 포함되어 논의되었습니다.

비전연구위원회에서는 지구촌교회 창립 15주년을 맞아 2009

년 5월 '2020 비전'이라는 지구촌교회의 향후 10년 비전에 대한 계획을 내놓았습니다. 이때 새로운 비전 전략 및 핵심 가치로 선택한 표어가 '동역으로 펼쳐가는 하나님나라'였습니다. 지구촌교회는 리더십의 승계를 단순히 리더십 이양의 차원이 아닌, 리더십 동역의 원년으로 승화시키는 비전을 선택했습니다.

 이 동역은 교회 각 영역을 대표하는 비전연구위원회의 수고와 사무총회의 인준을 거쳐 다음 5가지로 정리되었습니다.

1. 우리는 지구촌미니스트리네트워크(GMN)를 통한 선교 동역으로 하나님나라 가치를 구현한다.
2. 우리는 창립 리더십과 승계 리더십의 동역으로 하나님나라 비전을 실현한다.
3. 우리는 필그림 하우스 및 목회 리더십을 통한 한국 교회와

의 동역으로 하나님나라 목회를 실현한다.

4. 우리는 지구촌 목회 비전을 함께하는 셀(Cell) 교회들과의 동역으로 하나님나라를 확장한다.

5. 우리는 목회자와 평신도 리더십의 아름다운 동역으로 이 땅에 하나님나라가 펼쳐지도록 최선을 다한다.

후임 담임목사 청빙의 기준과 조건

2009년 9월 모든 성도들을 대상으로 전 교회에 후임 청빙을 위한 기도를 선포하였고, 담임목사 청빙의 과정 가운데 하나님께서 함께해주셔서 하나님의 선하신 뜻대로 인도해주시기를 한마음으로 기도했습니다.

나의 원대로 마시옵고 아버지의 원대로 하옵소서 마 26:39

후임 담임목사 청빙위원회 구성은 우리 교회 영구 제직 중 교회 주무 부서를 섬겨온 평신도 리더십 중에서 무기명으로 투표하여 최종 12명을 선정하는 것으로 시작되었습니다. 그중에는 여성 위원 3명, 50세 이하의 젊은 안수집사 3명도 포함되었습니다. 이렇게 교회 여러 영역들을 대표하는 청빙위원회로 모인 위원들이 교회와 전체 회중을 대표한다고 보아, 후임 담임목사 청빙이 이 위원회를 중심으로 추진되었습니다.

청빙위원회가 구성되자 그해 12월에 담임목사로 청빙할 만한 후보군의 추천이 이루어졌습니다.

먼저 본 교회에서 세운 후보자 추천 원칙 및 청빙 기준을 밝히면, 지구촌교회 내 그리고 국내외 등 지역적 제한 없이 40세에서 55세 연령의 목회자 중 첫째, 영감 있는 복음적 강해설교의 은사가 있는 분, 둘째, 지구촌교회의 목회 철학과 목회 비전을 승계 발전시킬 리더십, 셋째, 메가 처치 운영의 통합적이고 인격적인 리더십, 넷째, 창립 목회자의 멘토링을 수용할 수 있는 리더십, 다섯째, 소속 교단에서 목회하기에 결격 사항이 없는 리더십을 갖춘 목회자를 그 기준으로 하였습니다.

담임목사 청빙의 조건은 담임목사와 원로목사의 역할에 동의하며, 2010년 12월 담임목사로 부임한 후 3년 뒤인 2013년 12월 교회 전체 정교인의 신임을 얻어야 한다는 것입니다.

담임목사와 원로목사의 역할이란, 후임 담임목사는 예배와 설교, 재정 및 인사(물론 이것은 교회 평신도를 대표하는 목회지원회와 공유하는 책임) 그리고 교회를 대표하는 책임을 맡아 지구촌교회 내 모든 사역을 감당하는 것이며, 원로목사는 지구촌미니스트리네트워크(GMN, Global Ministry Network) 사역과 담임목사 멘토링 그리고 지구촌교회 주일예배 설교를 지원하는 것입니다. 이 역할 분담에 동의하는 것이 청빙에 전제되었습니다.

이로써 2010년은 2009년 지구촌교회 창립 15주년 기념식에서 채택한 새로운 비전을 실현하기 위한 원년이자 저의 담임목회 바통을 승계하는 중요한 의미를 갖는 해가 되었습니다.

모든 과정과 결정을 인도하신 주님께 감사

2010년 1월, 교계 지도자 및 기관 6곳의 추천과 지구촌교회 내에서 선정된 부목사 6명 그리고 평신도 리더십을 대표하는 청빙위원들의 추천으로, 기준에 달하지 못하는 모든 후보를 제외하고 모두 11명의 후보가 1차 선정되었고, 그 후 다시 4명으로 후보를 압축하는 과정에서 후보자에 대한 평가는 전적으로 청빙위원회가 담당했습니다.

청빙위원들은 후보 평가기준표, 평판청취 보고서, 설교청취 보고서 등의 평가 기준에 따라 2차 선정으로 후보를 다시 2명으로 압축, 2010년 5월 16일에 제직회의 의결과 사무총회 인준으로 진재혁 목사를 지구촌교회 후임 담임목사로 청빙을 결정했습니다.

후임 담임목사 청빙과 교회의 비전과 그 방향성을 함께 생각하게 해주시고, 청빙의 과정에 투명성을 기할 수 있게 하고, 청빙의 절차에서 발생할 수 있는 어떤 불미스러운 일도 일어나지 않도록 인도하신 하나님께 감사와 영광을 돌렸습니다.

지구촌교회는 침례교단 소속으로 민주적인 절차를 중시하는 교단의 전통에 따라 청빙위원회를 구성하였고, 담임목사 청빙의 기준을 밝히고 청빙의 과정에 투명성을 확보하는 등의 노력을 기울였습니다. 그리고 마침내 2010년 5월, 국제 감각을 갖춘 젊은 미래형 지도자 진재혁 목사를 2011년 이후 지구촌교회 제2대 리더로 결정했습니다.

진재혁 목사가 후임 담임목사로 결정된 뒤에는 청빙위원회에 이어 곧바로 승계준비위원회가 구성되어 청빙 절차를 이행하기 위한 더 구체적인 사안들을 논의하고 감당하도록 하였습니다. 이렇게 해서 승계준비위원회가 2010년 12월 이취임식까지 활동했습니다.

이 과정의 토의 내용, 진행된 조사와 자료, 보고, 계속해서 나눈 기도의 제목까지 모두 체계적으로 정리되었는데, 저는 이 일이 가능했던 훌륭한 인적(人的) 네트워크가 우리 교회에 있다는 것이 정말 자랑스러웠습니다.

저는 2010년 12월 후임 담임목사 취임예배에서 진재혁 목사에게 9권의 사역 매뉴얼을 전달했습니다. 진 목사도 이 매뉴얼을 보고 매우 기뻐했습니다. 지구촌교회에서는 모든 사역과 행사를 진행할 때마다 그것을 매뉴얼화 하는 작업을 합니다.

옛날 얘기지만 저희 청년부 시절, 회지를 하나 발간하려고 해도 회장이 바뀌면 매호 창간호가 되었던 기억이 있습니다. 사역자가 바뀔 때마다 전부 달라진다는 말입니다. 그만큼 사역의 연속성이 없습니다. 옛날 것이 다 없어져버리고 맙니다.

하지만 만일 행사를 하나 진행하더라도 과거에는 어떻게 했는지 참조하고, 잘잘못을 가려 평가한 다음 취사선택하고, 거기에 새로운 아이디어를 더해야 발전이 있습니다. 그래서 저도 퇴임을 염두에 두고 후임자를 위한 사역 매뉴얼을 3년간 만들어

둔 것입니다. 이것은 한국 교회에서 다같이 시도해보면 좋겠다고 생각합니다.

청빙위원회 활동 당시 담임목사인 저는 청빙의 기준을 정하는 일이나 자문에 응했을 뿐, 청빙 추천에는 일절 관여하지 않았습니다. 모든 것은 교회와 성도들의 자발적인 결정에 따라 이루어졌기에 큰 자부심을 느끼며, 따라서 이 일을 이루신 주님께서 우리 공동체의 내일을 또 다른 위대한 미래로 인도하실 것을 조금도 의심하지 않았습니다.

우리의 소망이신 예수 그리스도, 그분은 진실로 지구촌 공동체의 유일한 주인이심을 다시 한번 고백합니다.

공유와 소통이 동역의 출발이다

진재혁 목사가 후임 담임목사로 확정된 뒤, 저는 하루 빨리 그를 만나 함께 기도하고 비전을 나누며 새로운 사역을 준비했으면 하는 마음이 들었습니다.

진재혁 목사는 미국 산호세의 뉴비전교회(구 산호세 제일침례교회)에서 목회했습니다. 진 목사가 부임할 당시 교회에 어려움이 있었으나 그는 이를 안정시켰고, 뉴비전교회를 6년간 목회하면서 북가주 지역 최대 한인 교회(미국 내 한인 침례교회 중 최대의 교회)로 성장시켜 리더십을 입증한 바 있습니다.

진 목사는 2010년 7월 말에 한국에 도착해서 담임목사로 부임하는 12월까지 매주에 한 번씩, 적어도 한 달에 두세 번 이상 저와 만나 많은 시간을 함께 보냈습니다. 만나면 함께 식사하고, 함께 기도하고, 사역에 대해 논의하며 서로 마음을 나누었습니다. 원활한 소통이 이루어지니까 서로 무슨 생각을 하는지 잘 알고 오해가 생기는 일이 없었습니다.

서로 '통'(通)하지 않으면 '통'(痛)한다는 말이 있습니다. 소통이 되지 않으면 아픔을 느낀다는 의미입니다. 그렇기 때문에 저는 우선 창립 리더십과 승계 리더십, 선임 리더십과 후임 리더십 사이에 무엇보다 긴밀한 소통이 이루어져야 한다고 믿었습니다.

저는 이 점을 사전에 선포하고 함께 기도하면서 준비해왔을 뿐만 아니라 이임(離任) 이후 지금까지도 후임인 진 목사와 함께 목회 철학과 교회의 비전을 공유하기 위한 만남과 멘토링을 지속하고 있습니다.

사실 저에게는 좋은 리더십 승계의 모범을 만들어보고자 하는 사모함이 무엇보다 절실했습니다. 진 목사 역시 이 점을 잘 알고 있을 뿐만 아니라 이 비전을 공유하고 있습니다. 그런데 원로목사와 후임 담임목사가 서로 경계심을 갖거나 둘의 관계가 긴장되어서야 어떻게 좋은 동역의 모범을 만들어갈 수 있겠습니까?

이런 동역은 단순히 일을 나누는 분업의 의미가 아닙니다. 원로목사는 원로목사의 입장에서 후임 담임목사를 돕고 후임 담임목사는 원로목사의 도움을 기꺼이 받으며 사역을 자신의 책임 아래 감당해나가는 패턴의 동역, 저는 그런 아름다운 동역을 기대합니다.

원로목사와 담임목사 사이가 어려워지는 이유 중에는 평신도 교인이나 제직 중 일부가, 딴에는 원로목사를 위한다거나 담임목사를 위한다고 여러 소리를 하기 때문이기도 합니다. 저는 우리 공동체 안에서는 그런 일이 없도록 철저히 교육할 책임이 원로목사인 제게 있다고 생각합니다. 그래서 이미 그 일을 시작했습니다.

멘토링을 통한 동역

은퇴하여 담임목사 직에서 물러났다고는 하나 그 목회자가 하나님의 종으로, 영적 지도자로 평생을 살아오면서 경험하고 준비해온 것들은 정말 귀한 자산입니다. 그런데 가히 후세에 물려줄 만한 그 영적 자산을 한국 교회가 제대로 활용하지 못하고 사장시켜버린다면 그것은 막대한 손해가 아닐 수 없습니다. 그래서 저 역시 어떻게 후임목사에게 부담이 되지 않으면서 자연스럽게 아름다운 동역이 가능할지 깊이 생각해보았습니다.

먼저 은퇴하고 난 뒤에는 교회에 행정적으로 재정적으로 절대 간섭해서는 안 된다는 원칙을 세웠습니다. 그것은 전적으로 교회에, 그리고 후임목사에게 맡겨야 한다는 생각입니다. 이제 저는 담임목사 직에서 물러나 후임 담임목사를 돕는 자, 즉 '헬퍼'(Helper)입니다. 이제부터 저의 자리가 리더가 아니라 헬퍼임을 수용해야 합니다.

선장으로서 잡고 있던 배의 키를 후임자에게 맡긴 이상 혹 교회 리더십에 어려움이 생기더라도 이제 후임 담임목사를 중심으로 그가 자신의 리더십을 발휘하여 끌어 나가도록 도와야 한다고 생각합니다. 물론 특별한 문제의 경우 원로목사인 저부터 먼저 양보하고 포기할 각오와 준비가 되어 있습니다.

모든 것을 위임하되 단, 영적 멘토링은 지속되어야 한다는 것이 저의 생각입니다. 선임 원로목사의 영적 멘토링을 기쁨으로 받아들일 수 있는 자세를 갖추었는지가 후임자 청빙의 조건이었습니다. 부임한 이후 3년간 멘토링을 받고 교인들로부터 그의 리더십을 인정받는 신임의 절차를 밟기로 하여, 선임 목사가 수행해온 영적 비전, 리더십에 대한 비전과 교회 철학을 충분히 익히면서 자연스러운 리더십 승계가 이루어지도록 영적 멘토링과 설교 멘토링을 통해 지속적으로 동역해나갈 것입니다.

나의 새로운 사역, 지구촌미니스트리네트워크

이제 저는 목회와 강단에서 내려왔습니다. 하지만 낮은 자리에서 더 많이 섬기기를 원합니다.

교회에 어떤 부담도 주지 않고 목회를 마무리하고 명예롭게 은퇴할 수 있게 된 것만 해도 참으로 감사한데, 2009년 5월 교회 창립 15주년을 맞아 새로이 출범한 재단법인 지구촌미니스트리네트워크(GMN, Global Ministry Network)의 대표로 사역을 이어갈 수 있게 되었습니다.

은퇴 이후 펼쳐갈 새로운 사역의 장(場)을 허락해주신 하나님께 감사드립니다. 아름다운 동역의 비전 성취를 지지하는 지구촌교회의 아낌없는 사역 지원에 다시 한번 감사드리는 바입니다.

GMN 사역의 방향은 크게 네 가지입니다.

첫째, 리더십 훈련, 둘째, 설교 훈련, 셋째, 기도를 중심으로 한 영성 훈련, 마지막으로 셀 사역 지원입니다.

저는 그간 개척된 교회와 셀로 동역하는 교회를 일차적으로 돕고, 작은 교회를 섬기는 일, 그 밖에 도움이 필요한 한국 교회 목회자들을 기꺼이 도울 것입니다.

특별히 주께서 허락하신 오랜 세월의 경험을 나누어, 더 깊은 리더십과 질적으로 성숙한 설교, 깊이 있는 기도를 하도록 조용히, 그리고 신실하게 후배들을 돕고 싶습니다.

그간 목회를 하면서 바쁘게 병행해온 외부 사역들을 좀 더 내실 있게 발전시켜서 한국 교회에 이바지할 수 있도록 할 것이며 교파를 초월한 네트워크로 한국 교회의 후배 리더들과 목회자들을 훈련하는 일에 미력이나마 저의 힘을 보탤 것입니다.

하나님나라를 펼쳐가기 위한 '아름다운 동역'은 이제 소원이 아닌 사명이어야 한다고 믿습니다.

3장
주님의 거룩한
교회 비전

복음에 관한 한 저는 결코 양보하거나 타협할 생각이 없습니다.
거룩한 교회는 은혜의 복음에 성실한 교회입니다.
은혜의 복음만이 세상의 유일한 구원이기 때문입니다.

거룩한 교회의 비전

에베소교회는 제가 가장 벤치마킹 하고 싶어 한 교회였습니다. 저는 미국에서 신학교 시절에 〈에베소서와 골로새서〉라는 과목을 선택하며 두 서신서를 비교 연구하는 과제를 하다가 '교회의 영광'을 깨닫고 목사가 되기로 결심했고 목사 안수를 받게 되었습니다.

이 설교문은 지구촌교회 담임목사로서 이동원 목사의 마지막 주일설교입니다. - 편집자 주

그때 저를 일깨운 가장 중요한 질문은 "왜 예수님이 세상에 오셨는가?"라는 것이었습니다. 성경, 특히 복음서가 제공하는 명백한 대답은 "우리의 구원을 위해서 오셨다"라는 것입니다. 또 하나, 우리 주님은 "교회를 세우기 위해" 오셨습니다. 예수님은 베드로에게 이렇게 말씀하셨습니다.

> 너는 베드로라 내가 이 반석 위에 내 교회를 세우리니 음부의 권세가 이기지 못하리라 마 16:18

교회는 구원받은 사람들의 공동체입니다. 왜 구원받은 성도(聖徒, 거룩한 무리)가 개인이 아닌 공동체로 살아가야 합니까? 바로 거룩한 영향을 끼치기 위해서입니다. 그것이 거룩한 교회의 존재 이유입니다.

지구촌교회 담임목사로서 마지막 주일설교를 이 에베소서 강해로 마무리하면서 저는 거룩한 교회의 본질이 무엇인지 다시 묻고자 합니다. 그것은 앞으로 우리 교회의 미래, 우리 교회의 방향과 관련된 중요한 물음이라고 생각합니다. 또한 교회의 리더 자리를 떠나면서 제가 여전히 기대하는 미래 우리 교회의 모습이기도 합니다. 그런 교회의 모습을 에베소교회에서 찾아볼 것입니다.

사도 바울은 밀레도에서 에베소교회 장로들과 만나 그가 어떤 심정으로 제3차 전도여행 중 3년이라는 오랜 시간을 에베소에 머물며 에베소교회를 개척했는지, 또 그가 떠난 후에라도 그가 에베소교회에 어떤 것들을 기대하는지 그 교회상을 피력한 바 있습니다. 따라서 에베소서의 결말 부분과 사도행전을 중심으로, 우리는 주님이 우리에게 기대하시는 거룩한 교회의 비전을 함께 나눠볼 것입니다.

1. 은혜의 복음을 성실히 증거하는 교회

거룩한 교회는 은혜의 복음을 성실히 증거하는 교회입니다.

바울은 제3차 전도여행의 귀로(歸路)에서 밀레도 항구에 도착하여 에베소로 사람을 보내어 에베소교회 장로들을 그리로 오라고 합니다.

> 바울이 밀레도에서 사람을 에베소로 보내어 교회 장로들을 청하니 행 20:17

바로 그 자리에서 바울은 자신이 어떤 심정으로 3년간 에베소 목회를 수행하였는지 고백합니다.

> 내가 달려갈 길과 주 예수께 받은 사명 곧 하나님의 은혜의 복음을 증언하는 일을 마치려 함에는 나의 생명조차 조금도 귀한 것으로 여기지 아니하노라 행 20:24

바울의 일생의 사명은 하나님의 은혜의 복음을 증거하는 일 그리고 그 복음에 근거한 복음적 교회를 형성하는 일이었습니다. 저 역시 감히 40년의 성역(聖役) 그리고 지구촌 목회 17년간 '복음적 교회의 형성', 이것이 저의 유일한 사명이었음을 고백하고자 합니다.

인간은 자신의 의(義), 자신의 어떤 행함으로도 결코 하나님 앞에 설 수 없습니다. 오직 은혜받을 자격이 없는 자에게 베풀어주시는 전적인 하나님의 사랑을 통해, 예수 그리스도를 믿는 믿음으로만 구원받을 수 있다는 이 순도 100퍼센트의 복음, 이 복음만이 죄인들의 유일한 희망임을 증거해왔습니다.

이것이 바울이 증거한 핵심적인 복음의 진리입니다.

> 너희는 그 은혜에 의하여 믿음으로 말미암아 구원을 받았으니 이것은 너희에게서 난 것이 아니요 하나님의 선물이라 엡 2:8

교회의 리더십이 바뀌면 리더십의 체질에 따라 여러 변화가 일어납니다. 그것은 자연스럽고도 당연한 것입니다. 저는 우리가 이 변화를 수용할 준비를 하는 지혜를 발휘하기를 기대하고 기도합니다. 앞으로 예배와 찬양의 스타일도, 회의하는 방법도 바뀔 수 있습니다. 좀 더 젊은 변화가 일어날 것입니다.

그러나 저는 한 가지만큼은 변화되어서는 안 된다고 믿습니다. 그것이 바로 복음입니다. 우리 교회가 더 이상 복음을 전하지 않게 된다면, 복음이 변질되거나 복음을 포기하는 일이 일어 난다면 저는 그 소식을 듣고 가만히 있지 않을 것입니다.

교회가 복음을 포기한다는 것은 교회의 존재 이유를 포기하는 것이기 때문입니다. 복음에 관한 한 저는 결코 양보하거나 타협할 생각이 없습니다.

> 그러나 우리나 혹은 하늘로부터 온 천사라도 우리가 너희에게 전한 복음 외에 다른 복음을 전하면 저주를 받을지어다 갈 1:8

거룩한 교회는 은혜의 복음에 성실한 교회입니다. 은혜의 복음만이 세상의 유일한 구원이기 때문입니다. 우리 교회도 영원토록 순전한 복음만을 전하는 복음적인 교회로 이 땅에 존재하기를 기대합니다.

2. 건강한 자기 절제로 나눔을 실현하는 교회

거룩한 교회는 건강한 자기 절제로 나눔을 실현하는 교회입니다. 건강한 교회는 자기 자신만을 위해 존재하는 교회가 아니라 이웃을 위해, 그리고 세상을 위해 존재하는 교회입니다.

바울은 에베소교회에 이 진리를 3년 동안 가르쳐왔다고 증언합니다.

> 범사에 여러분에게 모본을 보여준 바와 같이 수고하여 약한 사람들을 돕고 또 주 예수께서 친히 말씀하신 바 주는 것이 받는 것보다 복이 있다 하심을 기억하여야 할지니라
> 행 20:35

바울은 에베소교회에, 주는 것이 받는 것보다 더 복 있는 교회라고 강조해왔습니다. 교회 개척자요 지도자인 자기 자신도 그런 삶의 모습을 실천하여 물욕(物慾)으로부터 자유한 교회상을 제시하고자 한 것입니다. 바울의 고백을 들어보십시오.

> 내가 아무의 은이나 금이나 의복을 탐하지 아니하였고 여러분이 아는 바와 같이 이 손으로 나와 내 동행들이 쓰는 것을 충당하여 행 20:33,34

바울은 직접 천막 만드는 일을 하며 자신을 위해서는 철저히 절제하고 이웃을 위해서는 나눔을 실천하기 위해 모든 재정을 쏟아 부었습니다. 부족하지만 저도 그동안 이런 교회를 만들기 위해 애써왔습니다. 성도들이 주께 바친 이 헌금이 얼마나 두려운 돈인지 알아, 단 한 푼의 낭비 없이 사용해야 한다는 점을 명심하고 깨끗한 재정의 청지기로 살려고 애써왔다고 고백할 수 있습니다.

저는 우리 교회가 양적으로 크게 성장해 가던 시절에 이런 성장이 목회자 자신의 왕국의 성장으로 비치는 오해가 없도록 지구촌교회를 좀 더 빨리 은퇴하겠다는 것과 지구촌교회를 떠나면서 어떤 경제적 이득도 취하지 않고 떠날 것을 약속했습니다.

오늘의 한국 교회에서는 중형교회 이상 대형교회를 목회하다가 정년이 되어 은퇴할 경우, 은퇴비 명목으로 적지 않은 돈과 주택을 받는 것이 하나의 관례가 되어 있습니다. 평생 복음을 위해 수고한 분들이 사역을 마무리하고 일정한 보상을 받는 것이 잘못은 아닙니다.

그러나 저의 경우, 만약 단 한 사람이라도 제가 이런 보상을 받아 마치 제가 돈을 위해 목회해온 것처럼 오해하게 되는 것이 정말 싫었습니다. 그래서 저는 애초에 약속한 대로 아무 대가나 보상 없이 은퇴하고자 합니다.

제가 처음 미국에서 귀국했을 때 몇몇 분들이 작은 아파트 한 채를 구입해주셨는데, 이 역시 수년 전 선교사님들이 사용할 주택으로 교회에 헌납했음을 알려드립니다. 약속대로 개척할 때와 같은 모습으로, 빈손의 청지기로 물러가게 되어 저는 기쁩니다.

현재 우리 교회는 실제적으로(아직 충분하지는 않을지 몰라도) 전체 예산의 37퍼센트가량 선교와 구제에 사용하는 교회로 성장했습니다. 우리 교회가 우리 자신을 위해서가 아니라 이웃과 세상을 위해 존재하는 교회가 되었다고 생각하면, 저는 그것이 지금까지 지구촌교회를 목회한 결과로 얻게 되는 그 어떤 보상보다 훨씬 더 기쁘고 보람된 일이라 고백하고 싶습니다. 건강한 자기 절제로 나눔을 실현하는 교회, 이것이 이상(理想)이 아닌 우리 교회의 현주소가 되어 저는 말할 수 없이 기쁩니다.

3. 거룩한 헌신으로 거룩한 영향을 끼치는 교회

거룩한 교회는 거룩한 헌신으로 거룩한 영향을 끼치는 교회입니다. 바울은 에베소서를 마무리하며 마지막 인사를 나누면서 특별한 인물을 언급합니다. 바로 두기고입니다.

> 나의 사정 곧 내가 무엇을 하는지 너희에게도 알리려 하노니 사랑을 받은 형제요 주 안에서 진실한 일꾼인 두기고가 모든 일을 너희에게 알리리라 우리 사정을 알리고 또 너희 마음을 위로하기 위하여 내가 특별히 그를 너희에게 보내었노라 엡 6:21,22

두기고는 바울의 메시지를 전달하기 위해 로마에서 에베소로 온 사람이었습니다. 두기고 때문에 에베소서가 보존되고 전달되었습니다. 물론 그는 설교를 하거나 상당한 재정적 헌신을 한 사람이 아닙니다. 시간을 내어 편지를 전달한 사람, 그저 일상적인 심부름을 한 바울의 동역자였습니다.

그러나 두기고와 같은 이름 없는 동역자들의 헌신이 있었기 때문에 에베소교회가 태동하고, 위로와 격려를 받으며 자라날 수 있었습니다. 그렇기 때문에 이런 바울의 고백이 가능했던 것입니다.

두 해 동안 이같이 하니 아시아에 사는 자는 유대인이나
헬라인이나 다 주의 말씀을 듣더라 행 19:10

사도 바울은 두기고와 같은 동역자들의 헌신으로 안심하고 말씀 사역에 집중했으며, 그 결과 에베소교회는 소아시아 전체에 복음의 영향력을 끼치는 교회가 될 수 있었습니다. 이것이 바로 제가 사모한 건강한 교회의 모습입니다.

저는 지구촌교회 담임목사의 직에서 물러나며 그동안 저의 부족함을 덮어주었고 함께 헌신해온 우리 교회의 수많은 두기고들을 기억합니다. 많은 교우들의 편의를 위해 주차 봉사와 안내 봉사와 여러 선교팀에서 봉사해온 분들이 모두 저의 두기고였습니다.

교회의 셀 교회 철학에 따라 신실한 영혼의 돌봄이와 지킴이로, 매주 변함없는 헌신으로 목장을 지켜온 모든 목자와 마을장 여러분, 주일마다 우리 교회와 민족의 미래인 청소년들을 양육하는 일에 헌신해온 교육 목자 여러분이 모두 저의 두기고였습니다.

말씀을 전하고 예배를 인도하는 목회자를 위해, 교회를 위해

눈물로 기도해준 중보기도자 여러분이 또한 모두 저의 두기고였습니다. 사무와 시설 행정 스태프로 온갖 궂은일을 마다하지 않고 자리를 지켜준 여러분, 나의 목회를 보좌해준 모든 신실한 목회 동역자 여러분이 바로 저의 두기고였습니다.

마지막으로 복음의 말씀을 증거할 때마다 "아멘"으로 말씀을 받아주고 지지해주신 성도 여러분, 여러분들을 볼 때마다 저는 삶의 의미와 존재의 보람과 사랑을 느낄 수 있었습니다. 그 무언의 격려가 없었다면 저의 명예로운 은퇴도 있을 수 없었습니다.

이후 그 사랑과 격려를 후임 진재혁 목사님에게 주셔서 우리 교회가 건강한 교회, 좋은 교회로 만족하지 않고 더 위대한 교회로 나아갈 수 있도록 도와주십시오. 우리의 거룩한 헌신만이 거룩한 영향을 끼치는 교회가 되게 할 것입니다.

저의 허물을 모두 용서하고
잊어주십시오

다섯 가지 참회

하나, 조국의 민주화운동이 한창일 때 민족 역사의 한복판에서 아무런 기여를 하지 못하고 방관자로 살아온 일 그리고 지도하던 젊은이들을 깨어 있는 역사의식을 가지고 역사의 마당에 서도록 인도하지 못한 것을 참회합니다.

둘, 목회의 마당에서 마음으로는 소외되고 연약한 성도들과 가난한 성도들을 돌보는 목회를 하고자 했으나 실제로 시간을 내어 그들의 눈물과 아픔에 제대로 동참하지 못한 것을 참회합니다.

2010년 12월 26일 오후 지구촌교회에서는 이동원 목사 원로목사 추대와 진재혁 목사 담임목사 취임예배가 있었습니다. 이동원 목사는 '다섯 가지 참회'와 '다섯 가지 감사'와 '두 가지 기대'를 낭독하는 것으로 은퇴사를 갈음하였기에 이에 밝혀둡니다. - 편집자 주

셋, 제가 바로 살아야 한다고 설교하면서도 설교한 나 자신은 그대로 행하지 못하여 언행일치(言行一致)의 모범을 보이지 못한 것을 참회합니다.

넷, 올곧게 살아가지 못하는 성도들, 특히 교회 내 부유한 기득권층들에게 대하여, 그들이 상처받을 것을 두려워한 나머지 회개를 촉구하는 예언적 설교를 제대로 하지 못한 것을 참회합니다.

다섯, 의도하지 않았으나 목회하는 동안 나 자신의 부주의한 말과 경솔한 행동으로 성도들의 마음을 섭섭하게 하고 상처를 주었던 소소한 일상의 모든 부덕했던 일들을 참회합니다.

다섯 가지 감사

하나, 무엇보다 하나님 앞에 전적으로 부패하고 더러운 죄인이었던 저를 은혜로 구원해주셔서 하나님의 자녀로 삼아주시고, 예수 그리스도의 제자로 살아오게 하신 나의 구주요 나의 주님이신 예수님께 진심으로 사랑과 감사를 드립니다.

둘, 구원받은 것만 해도 갚을 수 없는 은혜에 빚진 자인데, 은혜로 복음 전하는 일꾼으로 부르셔서 전도자와 목자의 인생, 특히 젊은이들을 주(主)의 제자 삼는 일에 헌신하는 목회를 하게 하신 40년의 세월을 주신 주께 감사드립니다.

셋, 나의 부족함을 눈으로 보고 알면서도, 인내하고 용납하고 허물을 감추고 지지해준 나의 사랑하는 아내와 나의 가족들 그리고 신실하고 넓은 마음의 나의 목회 동역자들 그리고 사랑 많은 성도들을 인해 행복한 목회를 할 수 있었던 것을 감사드립니다.

넷, 오늘 성역(聖役) 40주년, 특히 한국 지구촌교회 17년 목회를 마무리하면서 65세 조기 은퇴와 제가 지구촌교회를 목회했다는 사실 때문에 어떤 경제적 이익을 얻는 일 없이 은퇴하겠다는 약속을 지킬 수 있게 하신 하나님께 감사를 드립니다.

다섯, 하나님의 때에 은퇴하면서 하나님이 준비하신 승계 리더십으로 잘 갖추어진 글로벌 리더 진재혁 목사님을 예비해주서서 마음 놓고 담임목회 사역을 마무리하며 한국 교회를 섬기는 새로운 사역을 시작하게 하신 하나님께 감사를 드립니다.

두 가지 기대

하나, 지금까지 한국 교회가 한 번도 경험해보지 못한 멋진 원로목사와 후임 담임목사의 아름다운 동역의 모범을 보이는 우리가 되도록 기도해주십시오.

둘, 지구촌교회의 새로운 리더 진재혁 목사님을 저를 사랑해주신 것처럼 사랑하고 격려해주셔서 지구촌교회가 변함없이 주님의 위대한 명령을 겸손히 수행하는 교회가 되도록 기도해주십시오.

끝으로 지구촌 성도 여러분, 존경하는 동역자 여러분, 그동안의 저의 허물을 모두 용서해주시고 잊어주십시오. 사랑합니다. 감사합니다. 여러분 모두를 진심으로 축복합니다.

great partnership

2부 아름다운 동역의 선언

종종 과거에 안주하여 현실에서 더 이상
새로운 시도를 하지 않는 모습을 봅니다.
그런데 그러면 더 이상 새로운 미래가 열리지 않습니다.
새로운 미래를 향해 나아가려면 어떻게 해야 합니까?

4장 새로운 출발 1

과거를 극복하라

이제 우리에게 새로운 미래가 필요합니다.
새로운 전략이 필요합니다. 과거에 붙들려 있는 공동체는
미래를 책임질 수 없습니다.

과거를 묻지 마세요

흘러간 옛 노래 중에 '과거를 묻지 마세요'라는 제목의 노래가 있습니다. 이런 노래가 탄생하게 된 배경에는 우리가 살아온 질곡의 세월, 악몽처럼 기억되는 고통스러운 과거의 역사가 있

2011년 1월 2일 지구촌교회 신년 첫 주일설교는 이동원 원로목사, 진재혁 담임목사 순으로 릴레이 설교가 진행되었습니다. 먼저 이동원 원로목사가 빌립보서 3장 13절 말씀을 본문으로 설교했고, 이어서 진재혁 목사가 빌립보서 3장 14절 말씀을 본문으로 '새로운 출발'이라는 제목으로 설교했습니다. – 편집자 주

습니다. 결국 우리의 정서가 이런 노래에 투영되었다고 할 수 있습니다.

반면에 비교적 성공한 인생을 살았다고 생각하는 사람은 자신의 화려한 과거를 말하고 싶어 합니다. 그런 사람에게 과거는 면류관이요 영광이며 자존심의 상징이기도 합니다.

이렇듯 과거는 어떤 사람에게는 묻지 말아야 할 '수치'이기도 하고, 어떤 사람에게는 물어주기를 바라는 '영광'이기도 합니다. 또 이 두 가지가 복합적으로 섞여 있는 매우 복잡한 인생을 살아온 분들도 있습니다.

사도 바울이야말로 영욕의 세월을 다 살았던 대표적인 인물입니다. 바울에게는 묻어두고 싶은, 기억하고 싶지 않은, 수치스러운 과거가 있었습니다. 동시에 누가 좀 물어주길 기대할 만큼 영광스러운 과거도 가지고 있었습니다. 바울에게는 이 두 가지가 공존했습니다.

> 형제들아 나는 아직 내가 잡은 줄로 여기지 아니하고 오직 한 일 즉 뒤에 있는 것은 잊어버리고 앞에 있는 것을 잡으려고 빌 3:13

바울이 "뒤에 있는 것은 잊어버린다"라고 한 말이 무슨 뜻입니까? 기억 속에 저장되어 있는 것을 삭제해버리겠다거나 그럴 수 있다는 의미는 아닐 것입니다. 바로 더 이상 과거에 묶여 있지 않겠다, 과거의 영향을 받지 않겠다는 뜻입니다.

그렇습니다. 우리는 새로운 미래를 살아가기 위해 과거를 잊을 필요가 있습니다. 그러면 구체적으로 우리가 어떤 과거를 잊어야 할까요?

과거의 실패를 잊어라

첫째, 과거의 실패를 잊어야 합니다. 왜냐하면 잊지 못하면 과거의 종이 되어 과거의 실패를 반복할 가능성이 있기 때문입니다. 실패한 과거는 학습할 필요는 있지만 지속적으로 묵상할 필요는 절대 없습니다.

바울도 실패한 과거가 있었던 사람입니다.

> 내가 전에는 비방자요 박해자요 폭행자였으나 도리어 긍휼을 입은 것은 내가 믿지 아니할 때에 알지 못하고 행하였음이라 딤전 1:13

바울은 과거에 자신이 비방자요 박해자요 폭행자였음을 고백합니다. 그는 자신이 그리스도를 비방했고, 그리스도인들을 박해하여 그들을 잡아 옥에 가두었고, 심지어 그들을 죽이는 결정에 가담했던 살인자였음을 고백합니다. 그렇지만 바울이 그런 자신의 과거를 떠올리고, 계속 그 과거만 생각했더라면 과연 새로운 미래를 향해 나아갈 수 있었겠습니까?

성인 아이

우리 주변에는 '과거'라는 감옥에서 헤어 나오지 못하고 과거의 기억 속에 갇혀 사는 사람들이 있습니다. 이런 사람들을 흔히 '성인 아이'(adult children)라고 말합니다.

흔히 알코올중독자 부모를 둔 자녀가 성장하게 되면 그 절반 이상 알코올중독자가 됩니다. 유년 시절부터 그 자녀는 당연히 알코올중독자인 부모의 모습을 미워하고 싫어했을 것입니다. 하지만 그러면서도 부모와 같은 실수를 반복하고 그 과거를 답습합니다. 우리는 악몽 같은 기억 속에 계속해서 자기를 밀폐시켜버리는 불행한 사람들의 모습을 얼마든지 볼 수가 있습니다.

예를 들어서 자신이 어린 시절에 부모로부터 버림을 받았다고 합시다. 그러면 그는 사람을 쉽게 믿지 못하고 심지어 아무도 믿지 못하기도 합니다. 그런 그가 성장하여 성인이 되었더라도 자기 속에 믿지 못하는 그 아이가 그대로 있습니다. 그래서 배우자도 믿지 못하고, 친구도 믿지 못합니다. 아무도 믿지 못하는 그 아이가 그대로 있는 것, 이것을 가리켜 '성인 아이'라고 하는 것입니다.

성숙한 사람

진정으로 성숙한 인생을 살기 원하십니까? 그러면 과거를 극복할 줄 알아야 합니다. 그래야 성숙한 사람이 됩니다. 성인 아이의 반대가 '성숙한 사람'입니다. 이 둘은 매우 다릅니다.
사도 바울이 사랑장으로 통하는 고린도전서 13장에서 이런 고백을 했습니다.

> 내가 어렸을 때에는 말하는 것이 어린 아이와 같고 깨닫는 것이 어린 아이와 같고 생각하는 것이 어린 아이와 같다가 장성한 사람이 되어서는 어린 아이의 일을 버렸노라
>
> 고전 13:11

장성한 사람이 되어서 어린 아이의 일을 버렸다고 합니다. 어린 아이를 버려야 성숙한 사람이 됩니다. 그러면 바울은 구체적으로 어떻게 그런 악몽 같은 과거에서 벗어날 수 있었습니까? 바울의 고백은 하나님의 긍휼, 그 긍휼이 자신을 치유했다는 것입니다. 바울은 자신이 고백한 대로 전에는 비방자요 박해자요 폭행자였습니다. 그런데 하나님께서 그런 그에게 자비를 베풀어주셨습니다.

그렇습니다. 하나님께서 우리를 긍휼히 여기지 않으신다면 우리는 우리가 믿지 않을 때, 알지 못하고 행한 과거일지라도

그 과거로부터 벗어날 수 없습니다.

과거의 나는 십자가에서 주님과 함께 죽었다

저는 십자가를 이렇게 정의하고 싶습니다.

"십자가는 과거를 파묻고 미래를 바라보며 다시 일어서는 곳이다."

주께서 십자가에 달리셨을 때 그는 우리의 허물, 우리의 죄, 우리의 부끄러움, 우리의 과거를 모두 짊어지고 십자가에서 죽으셨습니다.

이사야 선지자는 이렇게 말했습니다.

> 그가 찔림은 우리의 허물 때문이요 그가 상함은 우리의 죄악 때문이라 그가 징계를 받으므로 우리는 평화를 누리고 그가 채찍에 맞으므로 우리는 나음을 받았도다 사 53:5

그분이 죽으실 때 우리의 과거 역시 죽었다는 것을 믿으십시오. 하나님의 긍휼과 사랑이 나를 용서하시고, 나를 받아주셨다고 믿어야만 우리는 과거로부터 벗어날 것입니다. 이제는 잊으십시오. 과거의 실패를 잊어야만 새로 오는 미래를 바라고 떠날 수 있습니다.

과거의 성공을 잊어라

과거의 실패뿐만이 아닙니다. 우리는 과거의 성공도 잊어야만 합니다. 왜 성공까지 잊어야 합니까? 성공을 잊지 못하면 과거의 작은 성공에 도취한 나머지 더 큰 성공을 바라보지 못할 수가 있습니다.

바울은 성공한 사람이었습니다. 바울은 믿지 않을 때에 이미 성공한 사람이었습니다. 다음은 바울의 고백입니다.

> 그러나 나도 육체를 신뢰할 만하며 만일 누구든지 다른 이가 육체를 신뢰할 것이 있는 줄로 생각하면 나는 더욱 그러하리니 빌 3:4

바울은 인간적으로 내세울 만한 세속적인 자랑거리를 많이 가지고 있었습니다.

바울은 5절 이하에 그 자랑거리를 일일이 나열하고 있습니다.

> 나는 팔일 만에 할례를 받고 이스라엘 족속이요 베냐민 지파요 히브리인 중의 히브리인이요 율법으로는 바리새인이요 열심으로는 교회를 핍박하고 율법의 의로는 흠이 없는 자라 빌 3:5,6

그는 태어난 지 8일 만에 할례를 행하여 하나님의 자녀라는 인정을 받았으며, 이스라엘 족속 가운데 초대 왕 사울을 배출한 베냐민 지파 출신으로 명문가의 자부심도 높았습니다. 게다가 히브리인 중에서도 순수한 혈통의 히브리인이며, 율법으로는 바리새인으로 모세의 율법(토라)을 지키고, 해석하고, 연구하고, 그대로 살아간다고 자부하던 사람이었습니다.

그뿐만이 아닙니다. 바울은 예수를 믿은 후에도 성공적인 인생을 살았습니다. 바나바와 더불어 안디옥교회에서 파송을 받은 뒤, 그는 당시 알려진 세상을 세 차례 이상 여행했습니다. 그의 발길이 닿는 곳마다 교회가 개척되어 소아시아가 복음화되었고, 빌립보교회로 최초로 유럽 선교의 문을 열기도 했습니다.

그 당시 바울은 최고의 기독교 지성이며 영적 거인이었고 세계에서 가장 거룩한 영향력을 끼치던 지도자였습니다. 그런 바울조차 자신의 지나간 과거를 돌이켜보며 이렇게 고백합니다.

> 그러나 무엇이든지 내게 유익하던 것을 내가 그리스도를 위하여 다 해로 여길뿐더러 또한 모든 것을 해로 여김은 내 주 그리스도 예수를 아는 지식이 가장 고상하기 때문이라 내가 그를 위하여 모든 것을 잃어버리고 배설물로 여김은 그리스도를 얻고 빌 3:7,8

바울은 자신에게 있는 모든 것을 이제부터 배설물로 여기겠다고 했습니다. 배설물이란 화장실에서 우리 몸 밖으로 배출되는 것들입니다. 그 배설물을 바라보고 그것을 계속 묵상하는 분은 아마 안 계실 것입니다. 화장실에 들어갔으면 버릴 것을 버리고 빨리 나와야 합니다. 거기에 안주해서는 안 됩니다.

종종 과거에 안주하여 현실에서 더 이상 새로운 시도를 하지 않는 모습을 봅니다. 그런데 그러면 더 이상 새로운 미래가 열리지 않습니다. 우리가 새로운 미래를 향해 나아가기 위해서는 어떻게 해야 합니까? 과거에 감사하고 또 오늘 현재에 감사해야 합니다.

거룩한 불만을 품어라

그러나 과거의 성공이 가져다준 오늘의 현실과 나의 현실에 대해서 우리는 아직도 거룩한 불만을 가져야 합니다. 물론 부정적인 불평은 바람직하지 않습니다. 그러나 현실에 안주하지 않는 거룩한 불만은 필요합니다.

사도 바울조차 자신이 아직 붙들지 못했다고 고백하지 않습니까?

> 형제들아 나는 아직 내가 잡은 줄로 여기지 아니하고 오직 한 일 즉 뒤에 있는 것은 잊어버리고 앞에 있는 것을 잡으려고 빌 3:13

2002년 한일월드컵에서 히딩크가 한국 축구의 사령탑을 맡아 포르투갈을 이기고 16강을 확정지을 당시, 많은 사람들은 16

강 진출에 만족하며 축제 분위기에 들떠 있었습니다. 다들 이 정도면 훌륭하다고 생각했지만 그는 멈추지 않았습니다. 인터뷰에서 그가 한 말이 정말 유명합니다.

"I'm still hungry."

"나는 아직도 배고프다", 아직 이르지 못한 새로운 미래가 있다는 것입니다. 그것이 13절에 나오는 바울의 고백입니다. 그런데 13절에 앞서 12절을 이해할 필요가 있습니다.

> 내가 이미 얻었다 함도 아니요 온전히 이루었다 함도 아니라 오직 내가 그리스도 예수께 잡힌 바 된 그것을 잡으려고 달려가노라 빌 3:12

주님이 나를 붙드셨고, 나는 그분에게 잡혔고, 나는 이제 그분을 떠날 수 없고, 그러나 그분이 내게 기대하는 목표를 내가 아직 다 이룬 것이 아니라는 바울의 고백입니다. 그는 예수 그리스도를 온전히 닮아가기 위한 성화(聖化)의 새로운 미래가 기다리고 있고, 선교적 미래가 기다리고 있다는 것을 알았습니다. 자신이 그것을 아직 다 이룬 것이 아니라는 것입니다.

과거에 붙들려 있는 한 미래를 책임질 수 없다

2010년 4월 부활절에 수원 월드컵경기장에서 지구촌교회 목장 대축제가 열렸습니다. 그때 이 축제에서 3만 여 지구촌 가족이 모두 모여 333 비전이 성취되었음을 하나님 앞에 선포하고 감사드렸습니다.

'333 비전'이란, 교회 창립 당시 30만 인구였던 그 지역 10분의 1의 영혼을 책임지겠다는 의미에서 3만 성도의 돌파, 그중 10분의 1인 3천 명의 리더 육성, 그중에서 다시 10분의 1에 해당하는 3백 명 이상을 타문화권 선교사로 파송하자는 비전입니다.

> 너는 내게 부르짖으라 내가 네게 응답하겠고 네가 알지 못하는 크고 은밀한 일을 네게 보이리라 렘 33:3

그러면 333 비전이 성취되었으니 거기서 끝나야 합니까? 그동안 지역의 인구가 두 배 이상 많아졌습니다. 또한 비전을 성취하는 데 있어서 수치상의 목표보다 더 중요한 것이 있습니다. 민족을 치유하고 세상을 변화시키기 위해서 우리가 해야 할 일은 너무 많습니다.

이제 우리에게 새로운 미래가 필요합니다. 새로운 전략이 필요합니다. 다시금 새롭게 미래를 바라볼 시간이 되었습니다. 과거에 붙들려 있는 공동체는 미래를 책임질 수 없습니다.

우리의 현실을 바라볼 때 우리가 더 잘할 수 있는데 하지 못한 것이 없는지, 더 높이 날 수 있는데 날지 못하고 있는 것은 아닌지, 오늘 우리의 현실에 안주하지 말고 거룩한 불만을 품으시기 바랍니다.

저는 우리 교회가 과거의 성공을 추억하는 교회가 되지 않기를 바랍니다.

'이동원 목사 때가 좋았지….'

혹 이런 회상에 잠기는 성도들이 한 명도 없기를 바랍니다. 저는 우리 교회가 박물관 같은 낡은 교회가 되지 않기를 바랍니다. 하나님께서 이제 우리에게 새로운 지도자를 주셨습니다. 그와 함께 우리의 공동체가 나아갈 새로운 미래, 새로운 꿈을 꾸시기 바랍니다.

5장 새로운 출발 2

푯대를 향해 달려가라

하나님이 주신 사명은 계속되어야 합니다.
하나님께서 우리 교회에 주신 사명, 민족을 치유하고
세상을 변화시키는 사명은 계속되되 그 사명 안에서
새로운 목표를 세워나가야 합니다.

새로운 목표를 주시는 하나님

푯대를 향하여 그리스도 예수 안에서 하나님이 위에서 부르신 부름의 상을 위하여 달려가노라 빌 3:14

하나님께서는 이 말씀을 통해 우리 공동체가 새롭게 해야 할 두 가지를 말씀해주고 계십니다.

첫째, 우리 공동체는 목표를 새롭게 해야 합니다.

사도 바울도 '푯대를 향하여' 달려간다고 했습니다. 방향이 없는 것이 아닙니다. 달려갈 목표와 방향, 이것이 바울이 말한 '푯대'라는 표현의 의미입니다. 헬라어 원어에 보면 '푯대'라는 단어에는 '결승점'이라는 뜻이 있습니다. 경주의 마지막에 다다라서야 바울은 자신이 원하는 목표를 이야기합니다.

사도 바울은 자신의 삶을 보면서 자신이 달려갈 인생길에 새로운 목표를 향해 달려갈 것을 말씀합니다. 목표가 바뀌면 우리의 인생이 바뀝니다. 목표는 우리가 새로운 열정과 열심을 품을 수 있는 동기를 줍니다. 새로운 목표는 앞으로 우리가 나아갈 방향을 지시해주고, 어렵고 힘든 일이 닥치더라도 다시 일어설 수 있는 인내와 용기를 줍니다.

사도 바울은 자신의 새로운 인생을 이렇게 이야기합니다.

"나는 푯대를 향하여, 새로운 목표를 향해 달려가노라."

부르신 부름의 상을 위해 달려가는 인생

그렇다면 우리가 푯대를 향해 달리는 것은 과연 무엇을 위한 것입니까? 하나님께서 우리를 부르신 '부름의 상'을 위해서입니다. 저는 이 말씀을 묵상하면서 하나님께서 바울을 부르신 부름의 상에 대해 묵상했습니다.

가장 먼저 '사도 바울이 사울이었을 때, 어떻게 다메섹에서 예수 그리스도를 만났는가?' 하는 첫 번째 부르심의 사건을 떠올렸습니다. 믿는 자들을 핍박하고 살기가 등등하던 사울이 다메섹 도상에서 자신이 핍박했던 예수 그리스도를 만나고 그 앞에 엎드러졌습니다.

그때 하나님께서 처음으로 그를 향해 주시는 부름의 말씀이 있었습니다. 그것은 그가 이방인과 임금들과 이스라엘 자손들에게 하나님의 이름을 전하기 위해 택한 하나님의 사람이라는 것입니다.

> 주께서 이르시되 가라 이 사람은 내 이름을 이방인과 임금
> 들과 이스라엘 자손들에게 전하기 위하여 택한 나의 그릇
> 이라 행 9:15

그러자 바울은 이방인에게 하나님의 이름을 전하는 자로 삼겠다는 하나님의 부르심에 따라 그때부터 그 부름의 상을 바라고 달려간 것입니다. 이 '부름의 상'을 우리가 잘 아는 단어로 설명하면 바로 '사명'입니다.

하나님은 우리의 인생을 그 사명 가운데로, 푯대를 향해, 부르신 부름의 상을 위해 달려가게 하시는 분입니다.

채우시는 하나님을 기대하며 세우는 목표

그러면 오늘 우리의 삶 가운데 그런 모습이 있는지 한 번 생각해보십시오. 새로운 한 해를 시작하면서 과연 우리에게 새로운 목표가 있습니까? 하나님과의 관계에서, 우리의 직장과 가정에서 내가 정말 주님 앞에서 기대하고, 주께 매달리고, 하나님의 역사와 하나님이 주시는 복을 기대하며 설레게 되는 그런 새

로운 목표를 품었습니까?

　이동원 목사님께서 우리 가운데 '333 비전'이 성취됨을 선포하셨습니다. 목표는 바뀔 수 있습니다. 우리에게는 새로운 목표가 필요합니다. 그러나 그 목표는 하나님이 주신 사명 가운데 세워져야 합니다. 하나님이 주신 사명은 계속되어야 합니다. 하나님께서 우리 교회에 주신 사명, 민족을 치유하고 세상을 변화시키는 사명은 계속되되 그 사명 안에서 새로운 목표를 세워나가야 합니다.

　새롭게 시작된 새해는 하나님이 주신 선물입니다. 그 선물을 바라보는 우리에게 설렘이 있습니까? 하나님이 우리에게 부어 주시고자 하는 놀라운 축복을 기대하는 새로운 목표를 세웠습니까?

> 나는 너를 애굽 땅에서 인도하여 낸 여호와 네 하나님이니
> 네 입을 크게 열라 내가 채우리라 하였으나 시 81:10

　주님은 우리에게 이렇게 말씀하십니다. 하나님이 우리에게 주신 사명 가운데 새로운 목표를 주십니다. 그 목표를 향해 달

려가십시오. 우리 하나님은 채우시는 하나님이십니다. 그러니 입을 넓게 벌리십시오.

하나님이 채우시겠다고 입을 넓게 열라고 하는데도 끝내 입을 꼭 다문 사람도 있습니다. 입을 반밖에 열지 않는 사람도 있습니다. 이때 우리가 기억해야 할 중요한 영적 원리가 있습니다. 하나님은 채우시는 하나님이시기 때문에 입을 크게 벌리는 만큼 채워주신다는 것입니다. 하나님이 말씀하셨으니 입을 크게 여십시오. 그러면 하나님이 채우십니다.

새로운 출발을 주시는 하나님

둘째, 우리 공동체는 새롭게 출발해야 합니다.

> 푯대를 향하여 그리스도 예수 안에서 하나님이 위에서 부르신 부름의 상을 위하여 달려가노라 빌 3:14

부르신 부름의 상을 위해 달려간다, 좇아간다는 말은 결코 정적인 단어가 아닙니다. 움직인다는 말입니다. 생각만 하거나 계획만 세우는 것이 아니라 실제로 바쁘게 움직이는 것입니다. 방황하거나 머뭇거리지 않습니다. 마치 사냥개가 먹잇감을 잡기 위해 맹렬히 질주하는 모습을 닮았습니다. 거기에는 어떤 낭비도 없습니다. 우리는 목표를 향해 최선을 다하는 땀과 눈물의 결정체를 상상해볼 수 있습니다.

하나님이 주신 사명 가운데 새로운 목표를 세웠습니까? 그렇다면 이제 그 목표를 위해 힘차게 달리는 새로운 출발을 경험하십시오. 새로운 출발을 경험하되 다시 일어서고 다시 세워지고 다시 한번 주님을 행해 나아가십시오.

하나님께서 우리에게 희고 큰 캔버스를 주시고, 그 캔버스에 우리에게 주시고자 하는 놀라운 것들을 채우기 원하시는 모습을 떠올리십시오. 과거 우리의 성공도, 우리의 실패도 아름답고 귀합니다. 그러나 더 위대한 미래를 향한 걸음에 장해물이 된다면 그것을 다 내려놓아야 합니다. 이제 우리는 새로운 목표와 새로운 출발을 경험해야 합니다.

새로운 출발을 위해 말씀을 붙들어라

　제가 말씀을 통역하던 초창기에 일어난 일입니다. 한번은 제가 그만 매우 쉬운 단어를 잘못 통역했습니다. 통역을 마치자마자 저의 실수를 깨달았지만 '이렇게 쉬운 단어를 틀렸으니 사람들이 나를 어떻게 생각할까?' 하고 잘못을 만회하려면 어떻게 연결해야 할지 틀린 단어 생각에만 골몰하다가, 이번에는 다시 미국인 목사님이 끝마친 그 다음 문장마저 놓치고 말았습니다. 정신을 차려 나머지 말씀에 귀를 기울여보았지만 곧 또 다른 문장이 시작되었습니다. 그때부터 통역이 얼마나 힘이 들던지 당장 시간이 멈춰버렸으면 좋겠다는 생각을 했습니다.

　간신히 어려운 통역을 끝내고 나자 불현듯 이런 생각이 들었습니다. 우리는 실수할 수 있고 또 실패할 수 있습니다. 그렇지만 그보다 더 큰 실수와 실패는 거기에 머물러 있는 것입니다. 실패에 머물러버리면 그것은 진짜 실패가 됩니다. 제 경우처럼 쉬운 단어를 잘못 통역하는 실수에 머물러 있다가는 그 다음에 이어지는 진짜 새로운 메시지를 듣지 못해 결국 낭패를 당하는 것입니다.

　하나님이 우리에게 주시는 새로운 한 해에 새로운 목표를 세우고 새로운 출발을 경험하십시오. 새로운 메시지를 붙잡고 말씀하시는 그분께 시선을 고정하십시오.

> 여호와의 말씀이니라 너희를 향한 나의 생각을 내가 아나니 평안이요 재앙이 아니니라 너희에게 미래와 희망을 주는 것이니라 렘 29:11

하나님께서 우리를 보고 품으시는 생각은 재앙이 아니라 평안이며 우리에게 미래와 희망을 주시는 것입니다. 하나님이 우리의 삶 가운데 주시는 사명 그 가운데 새로운 목표를 세우고, 새롭게 출발하는 한 해가 되시기 바랍니다.

> 보라 내가 새 일을 행하리니 이제 나타낼 것이라 사 43:19

"내가 너희 가운데 새 일을 행할 것이다."
이것이 우리의 기도 제목입니다. 새로운 한 해를 시작하는 시점입니다. 하나님께서도 우리에게 주시고자 하는 새 일을 시작하십니다. 그 일을 우리의 삶 가운데 이루어주실 것입니다.

하나님께서 새로운 한 해를 주셨으니 하나님이 주신 사명 가운데 새로운 목표를 가지고 다시금 새롭게 출발하십시오. 주님이 우리의 목표가 되십니다. 주님이 우리를 인도하시는 길이 되십니다. 우리의 삶 가운데 예수 그리스도가 존귀케 되심을 받으시고, 주의 나라가 확장되며, 주께 영광을 돌리는 귀한 삶이 되도록 우리 주님이 도우실 것입니다.

great partnership

3부 아름다운 동역의
축복

바울과 디모데는 그리스도 안에서 동심, 동고,
동역을 나눈 한 가족이었습니다. 우리모 한 가족입니다.
주의 사랑으로 사람을 진실하게 사랑하는 마음, 복음을 위하여
고난을 마다하지 않고 하나님의 사명을 다하기 위해
함께 수고하는 위대한 동역이 일어나기를 바랍니다.

6장 엘리야의 사역
말씀에 입각하여
이루어지는 동역

우리의 미래를 가장 정확히 아시는 분은 하나님이십니다.
그 하나님께서 내게 말씀하시고, 내가 하나님의 말씀을
붙들고 사는데 달리 무엇을 걱정하겠습니까?

아름다운 믿음의 동역을 이루는 두 사람

우리가 성경에 보면 하나님이 두 사람을 하나의 짝이 되어 쓰시는 경우를 많이 볼 수가 있습니다. 두 선지자 혹은 두 제자, 신약에서도 예수님이 제자들을 전도하러 내보내면서 둘씩 둘

신년 주일 릴레이 설교에 이어 1월 3일부터 1월 8일까지 새벽 신년축복기도회에서 이동원 원로 목사와 진재혁 담임목사가 각각 3회씩 번갈아 설교했습니다. 선임과 후임 사역자의 바람직한 동역, 그 성경적 모델로 선임인 이동원 목사가 '엘리야'와 '모세'와 '바울'에 대해 설교했고, 후임인 진재혁 목사가 '엘리사'와 '여호수아'와 '디모데'를 설교하여, 아름다운 동역의 비전을 나누고 교회의 미래를 확신하게 하는 축복의 말씀이 선포되었습니다. - 편집자 주

씩 짝을 지어 보내십니다. 둘이 함께 동역하도록 하기 위해서입니다.

> 그 후에 주께서 따로 칠십 인을 세우사 친히 가시려는 각 동네와 각 지역으로 둘씩 앞서 보내시며 눅 10:1

엘리야와 엘리사, 모세와 여호수아, 바울과 디모데도 둘이 짝을 이루어 동역한 성경의 인물들입니다. 둘이라는 숫자는 법적인 증인의 효력을 갖습니다. 한 사람으로는 법적 증언이 성립하지 않습니다. 두 사람은 보완적 역할을 하게 됩니다.

성경도 구약이 있고 신약이 있습니다. 성경에 가인과 아벨, 아브라함과 롯, 사라와 하갈, 이삭과 이스마엘, 야곱과 에서, 에스라와 느헤미야, 에스더와 모르드개 이런 짝들도 볼 수 있습니다. 종교개혁 시대에도 하나님은 루터와 칼빈이라는 걸출한 두 사람을 들어서 종교개혁의 사역을 진행하셨습니다.

너희 율법에도 두 사람의 증언이 참되다 기록되었으니
요 8:17

두 사람이 함께 있어야 합니다. 가정에서도 남편과 아내, 부부는 동역자입니다. 부부가 동역자가 되어 가정에서 함께 하나님의 일을 이루어가는 모습이 얼마나 아름답습니까? 혼자 믿는 사람들이 얼마나 어려워합니까? 그런 가정에서 다른 짝도 잘 믿어서 아름다운 믿음의 동역이 이루어지기를 바랍니다.

엘리야와 엘리사의 시대

엘리야와 엘리사도 환상의 콤비처럼 아름다운 하나님의 사역을 이루었습니다. 두 사람이 살았던 시대의 공통점이라면 악한 왕이 통치하고 있었다는 점입니다. 이런 악한 지도자의 영향으로 전국적으로 우상숭배가 성행했습니다.

이때 하나님께서 엘리야와 엘리사를 들어 쓰셨는데, 이 둘은 예언과 기적이라는 두 가지 방편을 통해 하나님의 사역을 이루어갔습니다. 그들은 말씀을 선포하였고, 또 그것이 참된 것임을 기적으로 입증해 보였습니다. 두 사람의 예언적 선포와 기적의 사역에는 공통적인 특성이 드러났습니다. 그것은 두 가지 사역 모두 하나님의 사랑과 자비를 드러내는 동시에 하나님의 공의를 드러냈다는 것입니다.

엘리야의 사역을 계승하여 완성시킨 선지자가 엘리사입니다. 엘리야는 주로 공적 사역에 집중했으며 엘리사는 내부적인 사역에 집중하는 모습을 보였습니다. 엘리야가 하나님의 초월성을 드러냈다면 엘리사는 가까이 계시는 친근한 하나님을 드러내고 있습니다. 엘리야가 활동하던 시대는 아합 왕이 다스리고 있었고 구약성경 열왕기상 17장부터 22장에서 주로 엘리야의 사역을 다루고 있습니다. 그리고 열왕기하 2장에서 엘리야가 회오리바람에 실려 승천합니다. 그러자 엘리야의 제자인 엘리사의 시대가 본격적으로 열립니다.

엘리야가 평생에 보여준 가장 중요한 교훈은 그가 철저히 말씀을 붙들고 산 하나님의 사람이었다는 것입니다.

> 길르앗에 우거하는 자 중에 디셉 사람 엘리야가 아합에게 말하되 내가 섬기는 이스라엘의 하나님 여호와께서 살아 계심을 두고 맹세하노니 내 말이 없으면 수 년 동안 비도 이슬도 있지 아니하리라 하니라 여호와의 말씀이 엘리야에게 임하여 이르시되 너는 여기서 떠나 동쪽으로 가서 요단 앞 그릿 시냇가에 숨고 그 시냇물을 마시라 내가 까마귀들에게 명령하여 거기서 너를 먹이게 하리라 그가 여호와의 말씀과 같이 하여 곧 가서 요단 앞 그릿 시냇가에 머물매 까마귀들이 아침에도 떡과 고기를, 저녁에도 떡과 고기를 가져왔고 그가 시냇물을 마셨으나 땅에 비가 내리지 아니하므로 얼마 후에 그 시내가 마르니라 왕상 17:1-7

1절은 바로 엘리야가 출현하는 배경을 보여줍니다. 엘리야가 어느 날 갑자기 이스라엘을 통치하던 아합 왕 앞에 등장했습니다. 그리고 이런 예언을 합니다.

"내 말이 없으면", 엘리야 자신을 통해서 전달되는 하나님의 말씀을 아합 왕 당신이 순종하지 않으면 앞으로 이 땅에는 수년 동안 비도, 이슬도 내리지 않을 것이라는 정말 엄청난 경고의 말씀입니다. 결국 저주의 땅이 될 것이라는 말입니다. 갑자기 이런 경고를 듣게 된 아합 왕은 아마 대단히 화가 나고 당황스러웠을 것입니다.

말씀에 입각하여 사는 인생

그리고 곧 2절, "너는 여기서 떠나 동쪽으로 가서 요단 앞 그릿 시냇가에 숨고", 하나님의 심판의 말씀을 전한 엘리야를 하나님께서 도피시키십니다. 또 하나님은 광야의 깊은 골짜기 그릿 시냇가에서 까마귀들에게 명령하여 거기서 엘리야를 먹이시겠다고 약속하셨습니다.

그런데 까마귀가 어떻게 먹을 것을 주겠으며, 혹시나 자신이 잘못된 음성을 듣지 않았는지 엘리야가 왜 생각하지 않았겠습니까? 하지만 엘리야는 그것이 하나님의 말씀임을 인지하고 그 말씀에 순종했습니다.

그랬더니 어떤 사건이 일어났습니까? 까마귀들이 아침과 저녁에 떡과 고기를 가져왔습니다. 하나님께서 떡만 공급하신 것이 아니라 고기까지 주셨습니다. 엘리야는 떡과 고기를 먹고 시냇물을 마시며 시냇가에 머물러 있었습니다. 그렇지만 비가 오지 않았기 때문에 시내조차 말라버려 식수가 해결되지 않는 상황이 되었습니다. 그렇다면 엘리야가 또다시 어디론가 가야 한다는 말인데, 아직 하나님의 말씀이 없었습니다.

이때 우리는 엘리야의 전 생애를 특징짓는 중요한 사건을 알게 됩니다. 엘리야는 결코 말씀보다 앞서지 않았습니다. 그는 하나님이 말씀하시면 듣고 순종하고 철저히 그 말씀에 입각하여 살아가는 생애를 만들어나가고 있었던 것입니다. 가물어 시내가 말랐는데도 엘리야는 아직 거기에 머물러 있었습니다. 왜냐하면 아직까지 하나님의 말씀이 없었기 때문입니다.

8절에 드디어 하나님의 말씀이 임합니다.

> 여호와의 말씀이 엘리야에게 임하여 이르시되 너는 일어나 시돈에 속한 사르밧으로 가서 거기 머물라 내가 그 곳 과부에게 명령하여 네게 음식을 주게 하였느니라 왕상 17:8,9

이번에는 하나님께서 엘리야에게 시돈에 속한 사르밧으로 가서 거기 머무를 것을 명하셨습니다. 그 곳에서 한 과부가 그를 공궤하도록 준비해두셨다고 말씀하셨습니다. 이번에도 엘리야는 일어나 하나님의 말씀을 따라 곧 사르밧으로 갔습니다.

그런데 그가 만난 과부는 어떻습니까? 자신을 공궤하도록 하나님이 준비시키신 여인인데 풍족한 것이 아니라, 나뭇가지를 주워다가 통에 남은 가루와 기름으로 마지막 음식을 해먹고 아들과 자진하려고 하는 가난한 여인이었습니다. 결국 엘리야가 사르밧으로 가서 만난 과부의 전 재산이 가루 한 움큼과 기름 조금뿐이었다는 것입니다.

엘리야의 말대로 하였더니

하필이면 이렇게 사정이 어려운 여인이 자신을 공궤토록 하셨을까 난감했을 것 같은데도 엘리야는 이렇게 말합니다.

> 두려워하지 말고 가서 네 말대로 하려니와 먼저 그것으로 나를 위하여 작은 떡 한 개를 만들어 내게로 가져오고 그 후에 너와 네 아들을 위하여 만들라 이스라엘의 하나님 여호와의 말씀이 나 여호와가 비를 지면에 내리는 날까지 그

통의 가루가 떨어지지 아니하고 그 병의 기름이 없어지지
아니하리라 하셨느니라 그가 가서 엘리야의 말대로 하였
더니 그와 엘리야와 그의 식구가 여러 날 먹었으나 여호와
께서 엘리야를 통하여 하신 말씀같이 통의 가루가 떨어지
지 아니하고 병의 기름이 없어지지 아니하니라 왕상 17:13-16

그런데 사르밧 과부가 엘리야를 통해 전달된 하나님의 말씀대로 하였더니 통의 가루가 떨어지지 않고 병의 기름이 없어지지 않는 놀라운 기적이 일어났습니다. 가장 안전한 것은 하나님의 말씀에 순종하는 것입니다. 하나님의 뜻 안에 있는 것입니다. 하나님의 뜻에 따라 말씀을 붙들고 사는 순종의 자리야말로 세상에서 가장 위대한 축복의 자리라는 것을 잊지 마십시오.

많은 날이 지나고 제 삼 년에 여호와의 말씀이 엘리야에게
임하여 이르시되 너는 가서 아합에게 보이라 내가 비를 지
면에 내리리라 왕상 18:1

그간 엘리야는 그릿 시냇가에서 그리고 사르밧에서 아합 왕

을 피해 도피해 있었습니다. 3년의 시간이 흐르고 다시 한 번 여호와의 말씀이 엘리야에게 임했습니다. 지금까지 엘리야는 하나님이 말씀하시는 대로 아합 왕을 피해 도망 다녔습니다. 그런데 이번에는 하나님께서 도망가지 말고 아합 왕을 만나라고 말씀하셨습니다.

그 후 엘리야와 아합의 만남은 갈멜산의 결전으로 이어졌습니다. 그렇습니다. 그는 결코 하나님의 말씀보다 앞서지 않았습니다. 기도하고 하나님의 말씀을 받고 움직였습니다.

저는 교회에서 멀리 떨어진 곳으로 이사 가시는 분들에게 묻고 싶습니다. 기도하고 이사 가셨습니까? 하나님의 말씀을 받고 옮기셨습니까? 아니면 그냥 학군 좋은 곳을 찾아가셨습니까? 시세가 오르는 지역으로 가셨습니까? 중요한 결정을 할 때 우리는 반드시 말씀을 받아야 합니다. 말씀보다 결코 앞서지 않아야 합니다.

말씀을 붙드는 하나님의 사람

이런 엘리야의 생애에도 결정적인 위기가 찾아옵니다. 엘리야 선지자도 우리와 성정(性情)이 같은 사람이었기 때문입니다. 이를 테면 큐티 잘하고, 새벽 기도회 잘 나오고, 말씀 따라 살다가 어느 순간 말씀을 등한히 한 때가 있었다는 말입니다.

그것은 엘리야가 로뎀나무 아래 앉아 죽기를 청할 때였습니다. 사실 이런 독백은 전혀 엘리야답지 않은 모습입니다. 더욱이 바알과 아세라의 선지자와 대결해서 제단에 하나님의 불이 내리고 큰 비를 내리게 한 뒤에 벌어진 일이 아닙니까.

그런데 이세벨이 죽이겠다고 위협하자 지금 당장 죽고 싶다고 하는 것입니다. 그러나 그런 엘리야도 그에게 하나님의 말씀이 임하자 다시 일어납니다. 말씀을 받았기 때문에 살아납니다. 하나님의 백성은 하나님의 말씀과 더불어 살아갑니다.

> 엘리야가 그 곳 굴에 들어가 거기서 머물더니 여호와의 말씀이 그에게 임하여 이르시되 엘리야야 네가 어찌하여 여기 있느냐 그가 대답하되 내가 만군의 하나님 여호와께 열심이 유별하오니 이는 이스라엘 자손이 주의 언약을 버리고 주의 제단을 헐며 칼로 주의 선지자들을 죽였음이오며 오직 나만 남았거늘 그들이 내 생명을 찾아 빼앗으려 하나

> 이다 여호와께서 이르시되 너는 나가서 여호와 앞에서 산
> 에 서라 하시더니 여호와께서 지나가시는데 여호와 앞에
> 크고 강한 바람이 산을 가르고 바위를 부수나 바람 가운데
> 에 여호와께서 계시지 아니하며 바람 후에 지진이 있으나
> 지진 가운데에도 여호와께서 계시지 아니하며 또 지진 후
> 에 불이 있으나 불 가운데에도 여호와께서 계시지 아니하
> 더니 불 후에 세미한 소리가 있는지라 왕상 19:9-12

엘리야에게 하나님의 말씀이 구체적이고 세미한 음성으로 다가왔습니다. 바람이 지나가고, 지진이 있고, 불이 지나간 후에 세미한 음성이 들려왔습니다. 이 음성을 듣자 엘리야는 벌떡 일어났습니다. 우리도 하나님의 말씀이 없이는 살 수가 없습니다.

사르밧 과부 역시 엘리야에게 이렇게 말했습니다.

> 내가 이제야 당신은 하나님의 사람이시요 당신의 입에 있
> 는 여호와의 말씀이 진실한 줄 아노라 하니라 왕상 17:24

엘리야에게 붙여진 가장 명예로운 별명이 '하나님의 사람'입니다. 우리도 우리 곁에 있는 사람들에게 하나님의 사람이 되어야 합니다. 엘리야를 하나님의 사람으로 만든 것은 바로 하나님의 말씀입니다. 말씀을 붙들어야 하나님의 사람이 됩니다.

우리는 다른 무엇보다 말씀을 가까이해야 합니다. 경건의 시간을 다시 시작하고, 새벽기도회를 다시 시작하고, 말씀을 읽고, 듣고, 공부하고, 암송하고, 묵상하여 하나님의 음성을 날마다 듣고 그 말씀에 응답하는 순종을 통해서만 우리는 하나님의 사람으로 한평생을 살 수 있습니다.

말씀이 있으면 복이 있다!

이 예언의 말씀을 읽는 자와 듣는 자와 그 가운데에 기록한 것을 지키는 자는 복이 있나니 때가 가까움이라 계 1:3

어떤 사람이 진정한 복의 사람입니까? 사람들은 자신의 앞날에 대해 궁금해 합니다.

"금년 한 해 어떤 일이 생길까? 5년 후에, 10년 후에 내 인생에 어떤 일이 일어날까?"

성경은 "네가 한 달 후에 북쪽에 가서 귀인을 만나니라" 이런 말씀은 하지 않습니다. 하지만 말씀의 원리를 따라 말씀을 붙들고 살면 그것이 바로 축복입니다. 우리의 미래를 가장 정확히 아시는 분은 하나님이십니다. 그 하나님께서 내게 말씀하시고, 내가 하나님의 말씀을 붙들고 사는데 달리 무엇을 걱정하겠습니까? 우리는 미래를 두려워할 필요가 없습니다. 미래를 붙들고 계시는 하나님을 가까이하고 그분의 말씀을 들으십시오.

주님의 말씀을 읽고, 듣고, 순종하면 그분이 주시는 복이 약속되어 있습니다. 우리는 하나님의 말씀 없이, 하나님의 인도함 없이는 인생을 살 수 없습니다. 모두 말씀에 순종하는 삶을 사십시오.

7장 엘리사의 사역

믿음의 기도로
함께하는 동역

하나님의 말씀을 통해, 하나님의 종들을 통해 이루신
놀라운 성령의 역사를 다시 한 번 나를 통해 이루어주시기를,
성령이 하시는 일이 갑절이나 내게 있도록 구해야 합니다.

엘리야의 겉옷

저는 한복 두루마기를 갖춰 입고 설교하는 것이 처음입니다. 사실 저에게 두루마기가 없어서 이동원 목사님께서 제게 두루마기를 사주셨습니다. 특별히 이 두루마기를 입으면서 엘리야와 엘리사를 떠올리지 않을 수 없었습니다.

우리가 잘 아는 것처럼 엘리야는 엘리사를 부를 때, 자신의 겉옷을 던져서 그를 선지자로 부르셨습니다. 또 열왕기하 2장

에 보면 엘리야가 겉옷을 말아 물을 치며 요단강을 건넌 사건도 나옵니다. 따라서 이 목사님이 제게 두루마기를 사주신 것은 성경적으로 더 큰 의미를 가질 뿐만 아니라 개인적으로 몹시 기쁜 일이기도 합니다.

하나님의 위대한 종 엘리야를 떠올리면 잊을 수 없는 갈멜산의 전투 사건도 함께 생각이 납니다. 갈멜산에서 바알의 선지자 450명과 아세라의 선지자 400명, 총 850대 1이라는 엄청난 수적 열세에도 불구하고 이에 전혀 굴하지 않던 엘리야 선지자, 주님 앞에 간구하여 하늘에서 불이 떨어지게 했던 불의 사도이자 능력의 종, 하나님의 사람, 엘리야, 그 암울했던 시대에 하나님께 놀랍게 쓰임 받았던 엘리야의 모습을 우리는 잊을 수가 없습니다.

끝까지 좋은 엘리사

열왕기하 2장에는 엘리야가 엘리사와 길갈을 떠나는 장면이 나옵니다. 이때 엘리야가 엘리사에게 "너는 여기 머물라"고 말합니다. 그렇지만 엘리사는 끝까지 스승을 따르겠다고 하고 같이 벧엘로 갔습니다. 이번에도 엘리야가 "하나님께서 나를 여리고로 보내시는데 너는 따라오지 않아도 좋다"고 이야기합니다. 그러나 엘리사의 태도는 단호합니다.

벧엘에 있는 선지자의 제자들 역시 하나님께서 오늘 엘리야를 데려가실 것을 알면서 왜 굳이 힘겹게 엘리야를 따르는지 묻지만 엘리사에게서 돌아오는 것은 "너희는 잠잠하라"라는 단호한 말 한마디뿐입니다. 이번에도 엘리야가 "하나님께서 나를 요단으로 부르시는데 너는 거기까지 올 필요가 없다. 여기 머물라"라고 했지만 엘리사는 요단까지 마지막 끝까지 엘리야와 동행했습니다.

그런데 한 가지 의문점은 왜 계속해서 엘리야가 엘리사에게 따라오지 않아도 된다고 말하느냐는 것입니다. 엘리사는 그런 만류에도 불구하고 더더욱 강렬하게 끝까지 함께하겠노라 답했습니다. 저는 엘리야가 엘리사를 시험한 것 같다는 느낌을 지울 수 없습니다. 그런데도 엘리사는 오히려 더 강렬히 원하고 더 간절히 따르려는 모습을 나타냈습니다.

그렇게 엘리사는 엘리야를 끝까지 좇았습니다. 마치 하나님을 좇듯 엘리야를 좇았습니다. 그 모습에서 우리는 엘리사의 충절과 인내를 보게 됩니다. 성실함과 열정과 헌신을 봅니다. 그럼 그가 왜 따라오지 않아도 된다고 말하는 엘리야를 그토록 끝까지 좇으려고 했는지 그 이유가 궁금하지 않습니까?

거룩한 욕심

저는 그 답을 9절에서 찾았습니다.

> 건너매 엘리야가 엘리사에게 이르되 나를 네게서 데려감을 당하기 전에 내가 네게 어떻게 할지를 구하라 엘리사가 이르되 당신의 성령이 하시는 역사가 갑절이나 내게 있게 하소서 하는지라 왕하 2:9

그렇습니다. 엘리사는 엘리야에게 자신의 소원을 아뢰고 싶어 했습니다. 엘리야는 자신의 사역을 정리하고 이제 곧 주님과 함께하게 될 텐데, 그 전에 "내가 너를 위해 무엇 해줄까?"(what can I do for you?)라고 엘리사에게 물은 것입니다.

이 질문이 얼마나 놀라운 복인지 아십니까? 만약 엘리사가 엘리야와 함께 가기를 길갈에서, 벧엘에서, 여리고에서 멈췄다면 과연 엘리야로부터 이런 질문을 받을 수 있었을까요? 엘리사에게 간절함이나 소원함이 없었다면, 그가 거룩한 욕심을 품지 않았다면 어땠을까요?

엘리사가 간절히 바란 거룩한 욕심의 결정체는 성령이 하시는 역사가 갑절이나 엘리사 자신에게 있기를 원한다는 것이었습니다. 그 간절한 목마름 때문에 그는 길갈에서부터 벧엘, 여리고, 요단까지, 주위의 수군거리고, 핀잔하는 사람들의 말에 아랑곳하지 않고 엘리야를 따를 수 있었던 것입니다.

새로운 한 해를 시작하면서 우리에게도 이런 거룩한 욕심이 있습니까? 마치 룻이 나오미를 향해 품었던 굳은 결심처럼 말입니다.

어머니께서 가시는 곳에 나도 가고 어머니께서 머무시는

곳에서 나도 머물겠나이다 어머니의 백성이 나의 백성이 되고 어머니의 하나님이 나의 하나님이 되시리니 어머니께서 죽으시는 곳에서 나도 죽어 거기 묻힐 것이라 만일 내가 죽는 일 외에 어머니를 떠나면 여호와께서 내게 벌을 내리시고 더 내리시기를 원하나이다 하는지라 룻 1:16,17

마치 야곱이 천사와 씨름하며 나를 축복하기 전까지는 내가 당신을 가게 하지 않겠노라 붙잡았던 것처럼 엘리사의 마음에도 간절한 소원과 기도 그리고 거룩한 욕심이 있었습니다.

갑절의 영감을 구한 엘리사의 기도

그런데 '갑절'이라는 단어는 단순히 두 배의 뜻만이 아닙니다. 구약성경에서 장자(長子)에게 주는 특권을 이야기할 때 갑절을 주었다고 했습니다. 왜 그렇습니까? 그만큼 더 책임이 중하기 때문입니다. 그만큼 더 많은 일들이 기다리고 있기 때문입니다. 그만큼 더 놀라운 도전이 자신을 기다리고 있다는 것을 엘리사는 알고 있었습니다. 우리에게도 성령께서 사용하시는 역사가 갑절이 되기를 원한다는 강력한 소원함이 있어야 합니다.

엘리사의 이 고백 가운데 우리는 세 가지의 중요한 내용을 정리해볼 수 있습니다.

도움을 구하는 기도

첫째, 자신의 부족함을 깨닫고 도움의 필요하다는 것을 인정하는 것입니다.

얼마든지 다른 것들을 구할 수 있는 상황이었지만, 엘리사는 가장 먼저 자신의 부족함을 토로하고 도우심을 구했습니다. 자신의 힘으로 되지 않음을 인정하고 하나님의 도우심을 구하는 겸손으로 시작했습니다.

그렇습니다. 우리의 인생은 그렇게 만만하지 않습니다. 엘리사는 그가 위대한 하나님의 종 엘리야의 뒤를 잇는다는 자부심을 가지고 출발한 것이 아니요 가장 밑바닥에서부터 자신의 부족함과 연약함을 인정하고 주님 앞에 무릎을 꿇는 것으로 시작했습니다. 따라서 하나님의 성령이 하시는 역사가 갑절이나 있기를 구한 엘리사의 기도는 전적으로 하나님의 도우심을 구하는 기도입니다. 저도 동일한 기도를 하고 싶습니다.

"하나님, 저를 도와주세요. 저에게는 주님 당신이 필요합니다. 앞으로 저희 앞에 어떤 일들이 기다리고 있는지 저희는 모릅니다. 오늘 엘리사의 기도처럼 저에게도 성령이 하시는 갑절의 역사를 주십시오."

우리는 갑절의 은혜를, 갑절의 능력을, 갑절의 위로를, 갑절의 말씀을, 갑절의 긍휼하심을 하나님께 구해야 합니다.

영을 살리는 기도

둘째, 영적인 것을 우선합니다.

엘리사는 성령께서 하시는 역사가 갑절이나 있기를 구했습니다. 갑절의 영감을 구했습니다. 다른 소원을 말한 것이 아닙니다. 여타의 다른 소원을 구할 수 있다면 가장 먼저 무엇을 생각하겠습니까? 저도 한때 그런 생각으로 골몰한 적이 있습니다. 만약 하나님께서 "내가 네게 무엇 해주기를 원하느냐?"라고 물으시면 가장 효율적인 소원으로 어떤 것을 아뢸지 고심해 보았는데 저는 이렇게 대답하고 싶었습니다.

"하나님, 열 가지만 이야기할 수 있도록 해주십시오."

인간의 욕심은 끝이 없습니다. 많은 것을 가져도 더 가지고 싶고, 다 가진 것 같아도 자신에게 없는 또 다른 것들을 생각해 내는 것이 우리의 모습입니다.

그런데 엘리사에게 가장 중요한 것은 영적인 것이었습니다. 왜 그렇습니까? 영이 살아야 다 살기 때문입니다. 먼저 우리의 영이 바로 서야 합니다.

우리의 가정도 중요합니다. 우리의 직장도 중요합니다. 우리의 건강도 중요합니다. 우리의 경제도 중요합니다. 그러나 우리가 가장 중요하게 생각하는 최고의 관심사는 영적인 것이 되어야 합니다. 가장 기본적이면서도 가장 중요한 것이 있다면 우리의 영이 먼저 살아야 한다는 것입니다. 자신의 영이 죽어 있다면 육체가 건강한들 아무 소용이 없습니다. 내 영이 살지 않으면 이 세상에서 많은 것들을 가지고 있다 해도 그것이 오히려 해(害)가 되어 우리에게 어려움을 가져올 것입니다.

하나님과 나와의 관계에서 과연 내 영이 살아 있습니까? 영이 살아 있지 않다면 우리의 자녀가 아무리 좋은 학교에 가고, 높은 자리에 오른다 할지라도 오히려 그것이 그들을 더 힘들게 하고 그들을 망치는 결과를 가져올 수 있습니다. 정말 중요한 질문은 내 영이 살아 있느냐 하는 것입니다.

엘리사는 영적인 것을 우선했습니다. 내 가정의 영성, 내 개인의 영성, 우리 부부관계 가운데도 과연 하나님의 영이 살아 계십니까? 우리 교회 가운데도 과연 성령께서 역사하십니까? 우리의 직장 가운데 과연 영적인 것이 우선되고 있습니까?

우리가 하는 수많은 결정과 생각 가운데 과연 영적인 것이 우선되고 있는지 보십시오. 먼저 내 영이 살아야만 합니다.

사역을 위한 기도

셋째, 엘리사는 섬김을 위해 구했습니다.

그는 자신을 위해 구하거나 자신을 위해 더 많은 것들을 이루고자 구하지 않았습니다. 그는 사명을 위해 구했습니다. 하나님께서 그에게 맡겨주신 사역과 책임을 다하기 위해, 자신을 통해 주님이 하시고자 하는 일들이 이루어지기 원해서 성령의 능력을 갑절이나 구한 것입니다. 그것이 엘리사의 소원이자 그의 거룩한 욕심이었습니다.

우리 주님은 오늘 우리가 있는 그 곳에서, 우리가 맡은 주의 일들이 이루어지고, 주의 이름이 존귀케 되고, 하나님의 교회가 강건해지고, 주의 나라가 확장되고, 주께서 모든 영광을 받으시도록 우리에게 주님의 갑절의 영감을 주실 것입니다.

한 번 더! 주님!

구세군을 창설한 윌리엄 부스(William Booth)가 세상을 떠난 뒤 구세군의 한 젊은 사관(목사)이 부스의 묘비 앞에서 울며 기도하고 있었습니다.

"하나님, 다시 해주십시오. 하나님, 다시 해주십시오"(Lord, do it again. Do it again).

"하나님, 우리를 다시 부흥케 하지 않으시겠습니까? 그를 놀랍게 사용하지 않으셨습니까? 그를 통해 놀라운 일을 이루지 않으셨습니까? 하나님, 이제 그 일을 다시 이루어주십시오."

하나님은 우리의 삶에 기적을 행하시고, 우리를 여기까지 인도하셨습니다. 우리 가운데 역사하신 놀라운 일들을 우리가 듣고, 보고, 체험했습니다. 시간이 흐르면서 우리의 생각과 경험과 그 간증이 희미해지고, 옛날에 있었던 놀라운 경험과 간증만 계속 들먹이는 생활을 하고 있다면 이제 우리는 다시 거룩한 욕심을 품고 기도해야 합니다.

"Lord, do it again."

하나님의 말씀을 통해, 하나님의 종들을 통해 이루신 놀라운 성령의 역사를 다시 한 번 나를 통해 이루어주시기를, 성령이 하시는 일이 갑절이나 내게 있도록 구해야 합니다.

우리는 지금 그렇게 구하지 않으면 바로 설 수 없는 시대를 살고 있습니다. 우리는 지금 성령의 갑절의 역사, 갑절의 긍휼하심, 갑절의 능력, 갑절의 은혜가 필요한 때를 지나고 있습니다. 지금 이 세상이 옛날 같지 않고 우리 자녀의 삶이 옛날 같지 않은데, 어떻게 간구하지 않겠습니까? 어떻게 중보하지 않고, 매달리지 않고, 성령의 능력을 갑절이나 구하지 않겠습니까?

엘리사처럼 주님 앞에서 거룩한 욕심을 내십시오. 주 성령의 갑절의 역사가 있도록 구하시기 바랍니다.

8장 모세의 사역
하나님께 붙들려
쓰임 받는 동역

모세가 모세 된 것은 전적으로 하나님의 은혜입니다.
하나님의 주권에 달려 있었습니다. 하나님께서 은혜를 주시고
하나님께서 그를 쓰고자 하셨기 때문에 그가 쓰임을 받은 것입니다.

하나님이 인정하신 선지자 모세

> 그 후에는 이스라엘에 모세와 같은 선지자가 일어나지 못
> 하였나니 모세는 여호와께서 대면하여 아시던 자요 신 34:10

모세에 대한 평가로 말하자면, 모세 이후에 이스라엘에 모세와 같은 선지자가 일어나지 못했다는 것입니다. 모세가 전무후

무한 이스라엘 최고의 선지자라는 것입니다.

흔히 다른 것과 비교할 수 없는 하나를 지정할 때, 영어의 정관사 'the'를 붙입니다. 그러니까 모세는 'the prophet', "그 선지자, 유일한 선지자, 최고의 선지자, 세상에 다시 없을 선지자"인 셈입니다. 모세의 아름다운 영향력이 구약성경 전체를 지배하고 있다고 말해도 과언이 아닙니다. 모세는 그야말로 구약의 영웅입니다.

특별히 모세는 하나님께서 그를 대면하여 아셨습니다. 그리스도인으로서 마지막으로 하나님 앞에 섰을 때, 최고의 비극이 무엇인지 산상수훈에 기록되어 있습니다.

나더러 주여 주여 하는 자마다 다 천국에 들어갈 것이 아니요 다만 하늘에 계신 내 아버지의 뜻대로 행하는 자라야

3부 아름다운 동역의 축복

> 들어가리라 그 날에 많은 사람이 나더러 이르되 주여 주여 우리가 주의 이름으로 선지자 노릇 하며 주의 이름으로 귀신을 쫓아내며 주의 이름으로 많은 권능을 행하지 아니하였나이까 하리니 그 때에 내가 그들에게 밝히 말하되 내가 너희를 도무지 알지 못하니 불법을 행하는 자들아 내게서 떠나가라 하리라 마 7:21-23

그러면 반대로 최고의 축복은 무엇입니까? 하나님께서 "내가 너를 안다"고 말씀해주시는 것입니다. 모세는 바로 그런 인정을 받았던 사람입니다.

> 여호와께서 그를 애굽 땅에 보내사 바로와 그의 모든 신하와 그의 온 땅에 모든 이적과 기사와 모든 큰 권능과 위엄을 행하게 하시매 온 이스라엘의 목전에서 그것을 행한 자이더라 신 34:11,12

여기에 중요한 단어가 네 가지나 나옵니다. 모세는 하나님께 붙잡힌 하나님의 도구로서 '이적', '기사', '권능', '위엄'을 행한 사람입니다. 이 정도로 모세는 하나님으로부터 인정을 받은 사람입니다.

모세를 기필코 택하여·쓰시는 하나님

그러면 이제부터 모세의 인생에서 세 가지 측면을 살펴보도록 하겠습니다.

먼저 모세는 처음부터 비범하거나 탁월하여 범인(凡人)이 흉내도 낼 수 없는 그런 사람은 아니었습니다. 우리와 똑같이 실수를 하기도 하고 똑같이 흥분하거나 화를 내기도 하는 그런 사람이었습니다. 그것은 하나님께서 모세를 부르시고 모세가 이에 응답하는 장면에서도 확인해볼 수 있습니다.

모세는 불이 붙은 떨기나무가 타지 않는 놀라운 광경을 목격합니다. 그 사이 하나님은 그 떨기나무 가운데서 그를 부르셨습니다.

"모세야, 모세야."

그때 모세가 하나님으로부터 받은 사명이 출애굽기 3장 10절에 잘 나옵니다.

> 이제 내가 너를 바로에게 보내어 너에게 내 백성 이스라엘
> 자손을 애굽에서 인도하여 내게 하리라 출 3:10

하나님께서 모세를 들어 사용하시겠다는 말씀입니다. 그런데 이때 모세가 어떤 반응을 보였습니까? 그것은 매우 뜻밖의 반응입니다.

> 모세가 하나님께 아뢰되 내가 누구이기에 바로에게 가며
> 이스라엘 자손을 애굽에서 인도하여 내리이까 출 3:11

"도대체 내가 누구기에 세계 최강대국인 이집트의 통치자에게 가서 바로와 대결하여 백성을 바로의 손에서 건져낸단 말입니까? 내가 어떻게 그 일을 해요?"

그 당시 모세의 나이는 80세였습니다. 그는 이미 40년 전에 이 일을 시도했다가 좌절하여 미디안 광야로 도망친 기억을 가지고 있습니다.

"그런데 40년이라는 세월이 흘러서 늙어 힘도 없는 나를 이제 와서 쓰시겠다니 하나님, 제발 관두십시오."

이것이 모세의 반응입니다. 그러자 하나님께서는 지팡이가 뱀이 되었다가 모세가 그것을 집으니 도로 지팡이로 변하는 이적을 보이셨고, 또 모세의 손에 나병이 생겨 눈같이 되었다가 다시 깨끗해지는 이적을 보여주시며 이적을 베푸시는 하나님께서 그와 함께해주시겠다고 말씀해주셨습니다. 그런데도 모세의 반응은 영 신통치 않았습니다.

> 모세가 여호와께 아뢰되 오 주여 나는 본래 말을 잘 하지 못하는 자니이다 주께서 주의 종에게 명령하신 후에도 역시 그러하니 나는 입이 뻣뻣하고 혀가 둔한 자니이다 출 4:10

"그렇더라도 하나님, 저는 말을 잘 못하는데 이런 제가 어떻게 바로를 설득합니까? 하나님, 번지수를 잘못 찾으셨어요. 저는 아닙니다. 다른 사람을 쓰세요."

> 오 주여 보낼 만한 자를 보내소서 출 4:13

모세는 끝까지 못하겠다고 하는 그런 사람이었습니다. 그러나 하나님도 물러서지 않으셨습니다. 우리도 하나님의 뜻에 순종하는 것이 신상에 이롭습니다.

하나님께서 모세를 부르신 사건에서 볼 수 있듯이, 모세도 우리와 별반 다르지 않은 사람입니다. 결국 모세가 모세 된 것은 전적으로 하나님의 은혜입니다. 하나님의 주권에 달려 있었습니다. 하나님께서 은혜를 주시고 하나님께서 그를 쓰고자 하셨기 때문에 그가 쓰임을 받은 것입니다.

지금의 이동원 목사도 꽤 괜찮아 보이지 않습니까? 한국 교회에서도 어느 정도 알아주고, 설교자로 인정해줍니다. 이제는 원로목사가 되었지만 저는 지금 어느 때보다 더 바쁜 나날을 보내고 있습니다.

그러나 20대의 내 모습으로 돌아가본다면, 나 역시 참으로 별 볼 일 없는 사람이었습니다. 대학에 떨어지고, 집안도 엉망이 되고, 앞길은 보이지 않고, 아무런 가능성조차 발견할 수 없을 때, 영어를 배우면 좀 될까 하고 영어성경 공부를 시작했습니다. 상상하기 어렵겠지만 삐딱하고, 부정적이고, 말싸움 잘하고, 예수 믿는 사람들을 골탕 먹이는 것이 그때 저의 취미였습니다.

저 같은 사람이 전도자요 설교자가 되다니, 저는 아무도 이렇게 될 것을 상상할 수도 없는 그런 사람이었지만, 하나님께서 하셨습니다! 그러니까 하나님이 하신다면 하나님께서 당신에게도 그리하실 수 있는 것입니다.

모세의 믿음을 눈여겨보신 하나님

그런데 사실 하나님께서 모세를 부르신 것은 그때가 처음이 아닙니다. 40년 전 모세는 자신이 버림받았다고 생각했지만 하나님은 이미 모세를 주목하고 계셨습니다. 모세는 그때 그가 쓰임을 받을 만한 결단, 믿음에 근거한 중요한 결단의 모범을 보인 바 있습니다. 우리는 바로 모세의 이 모습에 주목해야 합니다.

> 믿음으로 모세는 장성하여 바로의 공주의 아들이라 칭함 받기를 거절하고 도리어 하나님의 백성과 함께 고난 받기를 잠시 죄악의 낙을 누리는 것보다 더 좋아하고 그리스도를 위하여 받는 수모를 애굽의 모든 보화보다 더 큰 재물

로 여겼으니 이는 상 주심을 바라봄이라 히 11:24-26

이것은 모세 안에서 자라고 있던 믿음의 씨앗, 그것에 근거하여 모세가 보인 용기 있는 결단을 보여주는 말씀입니다.

성경은 모세가 '믿음으로' 공주의 아들이라 칭함 받기를 거절했다고 말합니다. 공주의 양자(養子)이니 왕자이고, 로열패밀리로서 안락한 미래가 보장되어 있었으나 그것들을 버리고 믿음으로 애굽의 궁궐을 떠났다고 말합니다.

'아, 하나님께서 나를 통해 무슨 일을 하실까? 내가 나의 백성을 건져내야 하는 것이 아닐까?'

모세는 애굽의 왕자로 성장하였지만 자신을 향한 하나님의 특별한 부르심을 이미 어느 정도 감지하고 있었던 것 같습니다. 애굽의 왕자가 노예에 불과한 이스라엘 백성을 위하는 길을 택한다는 것이 무엇을 의미하겠습니까? 그 길이 고난의 길이 될 것은 뻔하지 않습니까?

만약 하나님의 부르심이 분명하다면 그것을 거절하는 것은 죄입니다. 명백한 하나님의 인도에 귀를 기울이지 않고, 무시하고, 불순종한다면 그것은 죄입니다. 그러면 사람들은 왜 죄인

줄 알면서도 죄 가운데 머물러 있습니까? 죄가 주는 낙(樂), 쾌락이 있기 때문입니다.

명백한 것은 우리가 죄악이 주는 낙을 누리는 것은 잠깐이요 정신을 차려보면 모든 것이 깨어지고 무너져버려 우리를 절망시킨다는 것입니다. 그것이 죄악의 본질입니다.

모세는 그 죄악의 낙을 누리기보다 하나님의 뜻을 따라 하나님의 백성을 위해 살기로 결단했습니다. 그리스도를 위하여 받는 수모를 애굽의 모든 보화보다도 더 값진 것으로 여겼으며, 하나님께서 장차 그에게 주실 더 큰 상을 바랐습니다.

따라서 믿음은 현재만 바라보아서는 안 됩니다. 현재를 넘어서는 미래의 하나님의 부르심에 순종하는 것이 곧 믿음입니다. 지금은 고난인 것 같고 손해인 것 같아 보이지만 '하나님이 나를 어떻게 쓰실까?' 하는 믿음을 가지고 하나님께 나아가는 것, 하나님은 그것을 우리의 믿음으로 보십니다.

> 믿음은 바라는 것들의 실상이요 보이지 않는 것들의 증거니 히 11:1

믿음이 없이는 하나님을 기쁘시게 하지 못하나니 하나님께 나아가는 자는 반드시 그가 계신 것과 또한 그가 자기를 찾는 자들에게 상 주시는 이심을 믿어야 할지니라 히 11:6

모세는 바로 이것을 믿었습니다. 믿음으로 모세는 애굽의 모든 보화보다 하늘의 부르심 앞에 순종하는 믿음의 결단을 내렸습니다. 이 믿음의 결단을 통해서 모세는 모세가 되었습니다.

가나안에 들어가지 못한 지도자 모세

민수기 20장에는 이스라엘 백성들을 애굽에서 인도하여 낸 모세의 결정적 실수가 기록되어 있습니다. 신 광야에 이르렀을 때 거기에 마실 물이 없자 백성들은 모세와 아론을 향해 모여들었습니다. 백성들은 불평하기 시작했고 그때 하나님께서는 모세에게 지팡이를 들고 반석 앞으로 나아가라고 말씀하셨습니다. 그리고 이렇게 명령하십니다.

지팡이를 가지고 네 형 아론과 함께 회중을 모으고 그들의

> 목전에서 너희는 반석에게 명령하여 물을 내라 하라 네가 그 반석이 물을 내게 하여 회중과 그들의 짐승에게 마시게 할지니라 민 20:8

하나님께서 말씀하셨으니 반석에게 명하여 "물을 내라" 말만 해야 합니다. 그런데 모세가 하나님을 원망하고 반역하는 이스라엘 백성들에게 화가 나서 그만 하나님께서 명하신 대로 하는 것이 아니라 반석을 지팡이로 두 번 내리치고 말았습니다.

모세도 인간입니다. 모세도 우리처럼 실수할 수 있습니다. 그러나 하나님께서 보시기에 이것은 그의 중대한 범죄였습니다. 하나님께서 지시하신 방법대로 하지 않고 자기 마음대로, 자기 방법대로 했기 때문입니다.

> 여호와께서 모세와 아론에게 이르시되 너희가 나를 믿지 아니하고 이스라엘 자손의 목전에서 내 거룩함을 나타내지 아니한 고로 너희는 이 회중을 내가 그들에게 준 땅으로 인도하여 들이지 못하리라 하시니라 민 20:12

하나님께서는 모세와 아론에게 말씀하셨습니다. 하나님께서 그들에게 약속하신 땅으로 그들을 데리고 들어가지 못하게 하시겠다고 말입니다. 그럼 하나님께서 모세를 용서하지 않으신 것입니까? 아닙니다. 모세가 용서받은 증거는 반석에서 물이 나와 백성들의 식수 문제가 해결되었다는 것입니다. 그렇지만 자기가 저지른 잘못에 대한 대가는 지불해야 할 경우가 많습니다. 결국 모세는 그 죄의 대가로 가나안 땅에 들어가지 못하게 되었습니다.

세 가지 특별 은혜

그러나 하나님께서는 소중한 종 모세에게 끝까지 은혜를 베푸십니다. 신명기 34장에서 우리는 느보 산에 올라, 자신은 들어가지 못하는 가나안 땅을 바라보며 최후를 맞는 모세를 보게 됩니다.

하나님께서는 모세에게 특별한 세 가지 은혜를 베푸셨습니다.

> 모세가 모압 평지에서 느보 산에 올라가 여리고 맞은편 비스가 산꼭대기에 이르매 여호와께서 길르앗 온 땅을 단까지 보이시고… 여호와께서 그에게 이르시되 이는 내가 아브라함과 이삭과 야곱에게 맹세하여 그의 후손에게 주리라 한 땅이라 내가 네 눈으로 보게 하였거니와 너는 그리로 건너가지 못하리라 하시매 신 34:1,4

하나님께서는 비록 모세가 들어갈 수는 없지만 모세의 눈으로 직접 가나안이라는 비전의 땅을 보게 해주셨습니다. 그것을 본 모세가 얼마나 감개무량했겠습니까? 비록 들어가지는 못해도 젖과 꿀이 흐르는 약속의 땅을 직접 볼 수 있게 해주시다니, 저는 이것이 하나님의 놀라운 은혜라고 생각합니다. 저도 성지순례 할 때 느보 산 모세기념교회에 가게 되면 거기서 아래를 내려다보며 큰 감동을 받습니다.

하나님께서 모세에게 베푸신 두 번째 은혜는 그에게 승계 리더십을 허락하셨다는 것입니다.

> 모세가 눈의 아들 여호수아에게 안수하였으므로 그에게

지혜의 영이 충만하니 이스라엘 자손이 여호와께서 모세에게 명령하신 대로 여호수아의 말을 순종하였더라 신 34:9

지금껏 여호수아는 모세의 수종자로 그의 곁에서 많은 것을 보고 배웠습니다. 결정적인 마지막 순간에 하나님께서는 모세로 하여금 여호수아에게 안수하도록 하셨습니다. 그때 여호수아에게 지혜의 영이 충만히 임하여 이스라엘 자손이 모세를 따랐던 것처럼 여호수아의 말을 따르게 되었습니다. 결국 이 승계 리더십을 통해 하나님께서는 이스라엘 백성의 새로운 세대가 약속의 땅으로 들어가도록 인도하셨습니다.

세 번째로, 모세가 비록 약속의 땅에 들어가지는 못했지만 거기까지 그 백성을 인도할 수 있도록, 하나님은 모세에게 건강을 허락해주셨습니다.

모세가 죽을 때 나이 백이십 세였으나 그의 눈이 흐리지 아니하였고 기력이 쇠하지 아니하였더라 신 34:7

오래 살기만 한다고 복이 아닙니다. 모세는 건강하게 오래 살았습니다. 특별히 시력이 매우 좋았던 모양입니다. 얼마나 놀라운 축복인지 모릅니다.

유명한 아프리카의 선교사 리빙스턴이 이런 말을 했습니다.

"나는 내게 맡겨진 일을 다 마칠 때까지 결코 죽지 않을 것이다."

저는 이와 동일한 마음으로 하나님을 바라보는 사람에게 하나님께서 건강의 은혜를 주실 것을 믿습니다.

하나님이 뜻하시면 우리도 모세처럼 하나님께 붙들려 쓰임 받을 수 있다는 것을 믿으시기 바랍니다.

9장 여호수아의 사역

임마누엘의 약속을 믿는
담대한 동역

이제는 받은 사명으로 훈련하고, 성장하고, 성숙해가는 과정만 중요한 것이 아니라 어떻게 하나님이 주신 사명을 이룰 것인지, 그 사역의 구체적인 실행을 위해 힘쓸 시기입니다.

하나님의 명령

"강하고 담대하라."

여호수아서 1장 본문에 세 번이나 반복되는 것이 바로 이 "강하고 담대하라"는 말씀입니다.

> 네 평생에 너를 능히 대적할 자가 없으리니 내가 모세와 함께 있었던 것같이 너와 함께 있을 것임이니라 내가 너를

떠나지 아니하며 버리지 아니하리니 강하고 담대하라 너는 내가 그들의 조상에게 맹세하여 그들에게 주리라 한 땅을 이 백성에게 차지하게 하리라 오직 강하고 극히 담대하여 나의 종 모세가 네게 명령한 그 율법을 다 지켜 행하고 우로나 좌로나 치우치지 말라 그리하면 어디로 가든지 형통하리니 이 율법책을 네 입에서 떠나지 말게 하며 주야로 그것을 묵상하여 그 안에 기록된 대로 다 지켜 행하라 그리하면 네 길이 평탄하게 될 것이며 네가 형통하리라 내가 네게 명령한 것이 아니냐 강하고 담대하라 두려워하지 말며 놀라지 말라 네가 어디로 가든지 네 하나님 여호와가 너와 함께하느니라 하시니라 수 1:5-9

이쯤 되면 우리는 이런 생각을 해볼 수 있습니다.

'도대체 여호수아의 상태가 어떻기에 하나님께서 여호수아에게 말씀하실 때마다 강하고 담대하라고 당부하시는가?'

또한 이스라엘 백성들조차 여호수아에게 강하고 담대할 것을 기대했습니다. 한편으로 '우리가 강하고 담대해야만 하는 것이 얼마나 중요한 사실인가?'라는 점도 생각해보게 됩니다.

그런데 "강하고 담대하라"는 하나님의 말씀은 권유의 말씀이 아닙니다. "네가 좀 강하고 담대한 모습을 지녔으면 좋겠다"라고 권면하거나 격려하는 말씀이 아닙니다. 이것은 하나님의 명령입니다.

강하다는 것은 손에 주먹을 꽉 쥔 굳건한 모습을 의미합니다. 담대하다는 것은 무릎에 힘을 잔뜩 주고 일어서는 모습입니다. 그러니까 강하고 담대하다는 것은 굳건하고 용기 있는 모습입니다. 성경은 자신의 손과 발로 어떤 일에도 앞을 향해 나아갈 수 있는 최상의 모습을 가리켜 "강하고 담대하다"라고 설명합니다.

세상의 모든 여호수아에게

이때 우리는 위대한 하나님의 종 모세를 다시 한 번 묵상하지 않을 수 없습니다. 모세의 위대함을 떠올리면 우리의 마음이 녹습니다.

모세에 대한 성경의 평가를 보십시오.

> 그 후에는 이스라엘에 모세와 같은 선지자가 일어나지 못하였나니 모세는 여호와께서 대면하여 아시던 자요 여호와께서 그를 애굽 땅에 보내사 바로와 그의 모든 신하와 그의 온 땅에 모든 이적과 기사와 모든 큰 권능과 위엄을 행하게 하시매 온 이스라엘의 목전에서 그것을 행한 자이더라 신 34:10-12

우리는 이 모세에게서 하나님이 쓰시는 사람, 위대한 하나님의 종, 40년 동안 이스라엘 민족 2백만 명을 하나님의 말씀으로 인도한 놀라운 능력의 종의 모습을 발견합니다.

바로 그 모세가 죽고 이제 여호수아가 섰습니다. 여호수아의 느낌이 어땠을지 상상해보셨습니까? 어쩌면 여호수아가 이런 생각을 했을지도 모르겠습니다.

'내가 과연 잘할 수 있을까?'

자신에게 주어진 새로운 일을 앞에 두고 여호수아는 아마도 이런 생각을 하지 않을 수 없을 것입니다.

'이렇게 해본 적이 없는데, 이건 전혀 새로운 건데, 이 책임은 내게 과중한데, 정말 어려운데, 내가 과연 잘할 수 있을까?'

게다가 모세가 인도한 이스라엘 백성의 수가 2백만 명이나 되었다는 사실을 생각하며 저는 절로 우리 이동원 목사님을 떠올리지 않을 수 없었습니다.

제가 지구촌교회에 부임해보니 교역자들의 수가 얼마나 많은지 깜짝 놀랐습니다. 함께 일하는 사역자 분들까지 다 합치면 교역자만으로도 중형교회의 성도 수(數) 수준이 됩니다. 그들에게 식사라도 한 끼 제공하려고 계산해보니 정신이 다 아득해집니다.

그런데 모세는 2백만이라는 사람들을 인도하였으니 그런 모세의 능력 앞에서 여호수아가 느꼈을 자신의 초라하고 불안한 모습을 누가 이해할 수 있었겠습니까?

"강하고 담대하라"는 이 말씀이 비단 여호수아만을 위한 것이겠습니까? 저뿐 아니라 우리 모두의 삶 가운데, 또 모세의 뒤를 이어 중요한 사명을 감당해야 하는 사명자들에게 주시는 하나님의 말씀입니다.

지금까지 모세는 광야에서 수많은 사람들을 이끌었습니다. 그것도 어렵고 놀라운 일입니다. 하지만 이제부터 여호수아가 감당해야 할 사명은 싸워서 가나안 땅을 쟁취하고 정복하는 일입니다.

이제는 받은 사명으로 훈련하고, 성장하고, 성숙해가는 과정만 중요한 것이 아니라 어떻게 하나님이 주신 사명을 이룰 것인지, 그 사역의 구체적인 실행을 위해 힘쓸 시기입니다.

그러니 여호수아가 얼마나 힘들고, 그의 심정이 얼마나 위태하고 연약해졌겠습니까? 우리 주님은 그런 여호수아를 아시고 계속해서 "두려워하지 말라. 놀라지 말라. 강하고 담대하라"고 말씀해주셨습니다.

하나님께서 저와 같은 여호수아에게, 지구촌교회의 모든 여호수아에게 동일하게 이 말씀을 해주고 계십니다.

강하고 담대하라, 왜냐하면…

그렇다면 왜 하나님께서 여호수아에게 강하고 담대할 것을 말씀하시는지, 그 근거가 무엇인지 몇 가지 영적 원리를 찾아보도록 하겠습니다.

첫째, 전능하신 하나님께서 섭리하십니다

강하고 담대하라 너는 내가 그들의 조상에게 맹세하여 그 들에게 주리라 한 땅을 이 백성에게 차지하게 하리라 수 1:6

좀 더 정확한 의미를 살펴보기 위해 여호수아서 1장 6절을 영어성경으로 찾아보았습니다.

"Be strong and courageous, because you will lead these people."

이 말을 좀 더 의역해서 번역한다면 다음과 같습니다.

"여호수아야, 강하고 담대하거라. 왜냐하면 이 사람들을 인도하기 위해 내가 너를 세웠기 때문이다."

하나님께서는 이렇게 섭리하시기로 약속하셨습니다. 이 일은 하나님께서 다스리고 주관하시는 일입니다. 저는 개인적으로 이 말씀이 여호수아에게 가장 큰 위로와 격려가 되었으리라 생각합니다.

"네가 우연하게 모세의 뒤를 잇게 된 것이 아니다. 내가 너를 세웠다."

아무 문제가 없는 삶을 사는 사람은 아무도 없습니다. 겉으로 보기에 괜찮아 보이고, 남들의 부러움을 살 만큼 잘 사는 것 같아 보여도 내면 깊은 심연 가운데 있는 아픔, 고통, 걱정, 두려움은 우리 모두에게 다 있습니다.

우리는 일이 잘 되어도 걱정하고 두려워하고, 안 되어도 걱정하고 두려워합니다. 두려움에 대해 연구한 어떤 분이 345가지 두려움을 정리해보니 결국 세 가지로 요약이 되더라고 합니다.

첫째, 내가 가진 것들을 잃어버릴까 하는 두려움입니다. 둘째, 미래를 알지 못하는 두려움입니다. 셋째, 결코 일어나지 않을 것 같은 일에 대해 갖는 두려움입니다. 우리는 이것을 모두 가지고 있습니다.

그런 우리에게, 그리고 여호수아에게 하나님께서 말씀하십니다.

네 평생에 너를 능히 대적할 자가 없으리니 내가 모세와 함께 있었던 것같이 너와 함께 있을 것임이니라 내가 너를 떠나지 아니하며 버리지 아니하리니 강하고 담대하라 수 1:5,6

하나님이 주관하고 다스리십니다. 인도하고 섭리하십니다. 그렇기 때문에 두려워하지 말고 강하고 담대하십시오. 전능하신 하나님께서 우리를 그 자리, 그 시간에 세우시고 다스려주십니다. 그 책임과 사명과 역할을 만드셨습니다. 그리고 주관하십니다. 우리 하나님이 하시기 때문입니다.

둘째, 전능하신 하나님께서 모든 것을 공급하십니다

오직 강하고 극히 담대하여 나의 종 모세가 네게 명령한 그 율법을 다 지켜 행하고 우로나 좌로나 치우치지 말라 그리하면 어디로 가든지 형통하리니 이 율법책을 네 입에서 떠나지 말게 하며 주야로 그것을 묵상하여 그 안에 기록된 대로 다 지켜 행하라 그리하면 네 길이 평탄하게 될 것이며 네가 형통하리라 수 1:7,8

하나님께서 우리에게 말씀을 주셨습니다. 이 율법책을 우리 입에서 떠나지 말게 하고 이 말씀을 다 지켜 행하면 하나님께서 공급해주신다는 것입니다.

하나님께서 이 말씀으로 약속하셨습니다. 이 약속의 축복을 우리에게 주셨습니다. 하나님은 말씀을 주시는 분입니다. 그 말씀대로 살고자 할 때 복 주시는 분이 하나님이십니다.

하나님께서 우리의 모든 필요를 채우십니다. 하나님께서 우리를 채우시도록, 하나님께서 우리를 만나주시도록 말씀을 붙잡으십시오. 모든 것을 공급하시는 하나님과 통하면 하나님께서 우리를 형통케 하실 것입니다.

"강하고 담대하라"라는 말씀은 우리의 백(back)이 그만큼 든든하고 우리의 줄이 그만큼 튼튼하다는 것을 보증하는 말씀입니다. 하나님의 공급하심이 그만큼 크고 강력하다는 뜻입니다. 그러니 강하고 담대하십시오. 하나님이 공급하십니다.

셋째, 전능하신 하나님께서 우리와 함께하십니다

하나님이 말씀하신 대로 여호수아가 강하고 담대할 수 있는 것은 전능하신 하나님께서 그와 함께하시기 때문입니다.

내가 네게 명령한 것이 아니냐 강하고 담대하라 두려워하지 말며 놀라지 말라 네가 어디로 가든지 네 하나님 여호와가 너와 함께하느니라 하시니라 수 1:9

여호수아가 어디로 가든지 하나님께서 함께해주시겠다는 말씀은 결코 빈말이 아니었습니다. 여호수아는 이제 가나안 여러 곳을 다니며 죽음의 문턱에서 전쟁을 치를 것입니다. 가나안 땅을 정복해 나가야 할 여호수아에게 이 말씀은 막연하게 들리지 않았을 것입니다. 적진으로 들어가는 여호수아에게 하나님께서 친히 "네가 어디로 가든지 내가 너와 함께하겠다"라고 말씀해주시는 것입니다.

하나님의 임마누엘의 약속

제가 케냐에 선교사로 갔을 때 일입니다. 도착한 지 며칠 안 되어서 주일예배를 드리러 교회에 갔습니다. 그런데 예배를 드리던 도중 둘째 영찬이가 급히 화장실에 데려다달라고 하는 것입니다.

교회의 화장실은 그 당시 케냐의 화장실 치고 상당히 좋은 화장실이었겠지만, 그래도 뭔가 불안정하고 시설도 낙후되어 있었습니다. 예배 도중에 나왔기 때문에 화장실에는 아들과 저만 있었습니다.

"영찬아, 아빠가 밖에서 기다릴게."

저는 아들아이를 화장실 안으로 들여보내고 문을 닫은 다음 밖에서 기다렸습니다. 낯선 땅에 도착한 지 얼마 안 되어 많이 불안했는지, 그때 당시 네 살이던 영찬이가 일을 보다가 말고 화장실 안에서 저에게 말을 걸었습니다.

"아빠, 거기 있어?"

"응. 아빠 여기 있어. 아무데도 안 갔어. 염려하지 마."

"아빠, 아직 거기 있지?"

"응. 그냥 빨리 일 봐."

"Dad, are you there?"

안 가고 기다리겠다고 했는데도 번번이 묻는 아이 때문에 저는 순간 화가 올라왔습니다.

그런데 바로 그때 이 말씀이 떠올랐습니다.

내가 너를 떠나지 아니하며 버리지 아니하리니 수 1:5

하나님께서 저를 떠나지도 버리지도 않겠다고 하신 임마누엘의 약속의 말씀을 묵상하며 저는 그 화장실에서 하나님의 임재하심에 대한 깊은 은혜를 체험했습니다.

우리 안에 혼자인 것 같은 불안함, 나만 겪는 것 같은 두려움이 있습니까? 하나님께 말씀하시면 하나님께서 이 말씀을 들려주십니다.

"강하고 담대하라. 두려워하지 말고 놀라지 말라. 내가 너를 떠나지도 버리지도 않겠다. 내가 너와 함께하겠다."

볼지어다 내가 세상 끝날까지 너희와 항상 함께 있으리라 하시니라 마 28:20

안 된다고 하지 마십시오. 힘들다고 하지 마십시오. 그리고 못한다고도 하지 마십시오. 우리 주님이 함께해주십니다.

강하고 담대하십시오. 전능하신 하나님이 우리를 다스리십니다. 그분이 모든 것을 공급하십니다. 우리와 함께하십니다.

이 임마누엘의 약속을 믿고 힘차게 나아가는 하나님의 수많은 여호수아가 되시기를 바랍니다.

10장 바울의 사역

주 예수 그리스도만
따르는 동역

바울이 바라보는 새로운 푯대가 무엇입니까?
예수님이 자신을 불러주신 그 부르심, 그 사명을 위해,
그 사명을 다하고 상 받을 그 날을 바라보며 그는 달리고 있습니다.

바울의 인생

바울은 평생 전도자의 인생을 살았습니다. 그는 위대한 신학자였습니다. 그렇지만 학교에서 가르치기만 하는 신학자가 아니라 교회 개척자였습니다. 바울을 통해 전 세계에 예수 그리스도의 교회들이 세워졌고, 그 교회가 하나님의 복음을 전하는 위대한 밑바탕이 되었습니다.

바울은 위대한 교회 개척 전략가였습니다. 단순하게 교회를

개척하기만 한 것이 아닙니다. 유럽의 문명 시대를 열었고 세계 역사를 바꾼 위대한 바울의 생애를 조망해볼 수 있는 것이 빌립보서 3장입니다.

바울은 로마의 감옥에서 빌립보서를 쓰며 자신을 바라보았습니다. 여기에 바울의 과거와 바울의 현재와 바울의 미래를 결산하는 세 가지 키워드가 나옵니다.

> 그러나 무엇이든지 내게 유익하던 것을 내가 그리스도를 위하여 다 해로 여길뿐더러 또한 모든 것을 해로 여김은 내 주 그리스도 예수를 아는 지식이 가장 고상하기 때문이라 내가 그를 위하여 모든 것을 잃어버리고 배설물로 여김은 그리스도를 얻고 빌 3:7,8

바울의 과거 결산 – 여기다

이 구절에서 반복되는 단어는 '여김'입니다. '여기다'라는 단어는 "평가하다, 계산하다"라는 뜻이 있습니다.

무슨 뜻입니까? 과거 우리가 정말 소중히 여기던 것들이 있습니다. 그것에 집착한 나머지 거기에 모든 것을 걸고 살아온 것들입니다. 이를테면 세상 명예, 업적, 자신이 추구한 세속적인 가치, 신분 등이 있습니다. 이런 것들로 말하자면 바울은 정말 화려한 과거를 가진 사람입니다.

바울은 놀라운 업적을 가지고 있었습니다. 자랑스러운 문벌과 높은 학문이 그에게 있었습니다. 그러나 그가 예수님을 만나고 나서 생각해보니 그것들은 모두 배설물에 지나지 않았습니다. 자신이 예수님을 더 사랑하는 일에, 예수님을 증거하고 전파하는 일에 방해가 된다면 그것을 모두 배설물로 여길 수 있기 때문입니다.

몸 밖으로 배설된 배설물은 아무도 뒤돌아보지 않습니다. 이처럼 바울은 자신의 과거가 배설물과 같고 아무것도 아님을 고백하고 있습니다. 과거 자신의 모든 것을 잃어버리고 배설물로 여기는 것은 오직 그리스도를 얻기 위해서라고 고백합니다. 예수님을 더 사랑하고 더 깊이 체험하기 위해서입니다.

> 내가 그리스도와 그 부활의 권능과 그 고난에 참여함을 알
> 고자 하여 그의 죽으심을 본받아 빌 3:10

현재 바울의 가장 큰 소망은 예수님을 더 깊이 아는 것입니다. 그분의 부활과 권능을 체험하며 살아가는 일입니다. 예수님을 더 깊이 알고자 하는 일에 방해가 된다면 모든 것을 분토처럼 여기며 그런 과거에 아무런 미련을 갖지 않는다는 것이 바로 바울의 과거 결산입니다.

주 예수보다 더 귀한 것은 없네!

세계적인 전도자 빌리 그래함 목사와 평생을 동역한 찬양 사역자 조지 베브리 쉐아(George B. Shea)라는 분이 있습니다. 빌리 그래함 목사가 한국에 왔을 때, 여의도광장에 1백만의 인파가 운집한 가운데서도 빌리 그래함 목사의 설교 직전 조지 베브리 쉐아는 매력적인 목소리로 찬양하며 사람들의 마음을 움직인 바 있습니다.

젊은 전도자 빌리 그래함 목사를 만나기 전 20대의 조지 베브리 쉐아는 방송인으로 가수로 한창 유명했다고 합니다. 그런데도 그의 마음은 늘 공허했습니다. 빌리 그래함이라는 전도자의 말씀을 듣고 베브리 쉐아의 마음은 그리스도 때문에 뜨거워졌습니다. 주(主)를 갈망하는 마음이 샘솟았습니다.

'그래, 내가 유명해진다고 하자. 돈을 번다고 하자. 그래서 뭘 어쩐다는 말인가? 그것으로 어떻게 살 것인가?'

어느 날 아침, 어머니가 전해준 성시를 읽은 베브리 쉐아가 그 가사에 곡을 붙여 탄생한 노래가 뭔지 아십니까? 〈주 예수보다 더 귀한 것은 없네〉라는 찬송입니다.

암스테르담의 한 전도집회에서 빌리 그래함 목사가 마지막 저녁 설교를 하게 되었는데, 그가 설교하기 직전에 한 사람을 소개했습니다.

"나의 평생의 동역자, 전 세계 수많은 사람들의 마음을 예수 그리스도를 영접할 수 있도록 도운 자랑스러운 사역자, 조지 베브리 쉐아입니다."

그가 단 위로 올라오자 그 자리에 모인 사람들이 모두 열광하고 크게 박수도 쳤습니다. 그때 인사를 마친 그가 한 말이 있습니다.

"박수를 쳐주셔서 감사합니다. 하지만 저는 여러분의 박수보다 예수님이 더 좋습니다."

백발을 흩날리며 예수보다 더 좋은 것이 없다고 하는 조지 베브리 쉐아의 고백이 바울의 고백입니다. 예수님을 알고 나니까 자신의 과거는 아무것도 아니며, 그것들을 모두 배설물로 여기는 것으로 자신의 과거를 결산하게 되었다는 고백입니다.

바울의 현재 고백 - 달려가다

> 내가 이미 얻었다 함도 아니요 온전히 이루었다 함도 아니라 오직 내가 그리스도 예수께 잡힌 바 된 그것을 잡으려고 달려가노라 빌 3:12

> 푯대를 향하여 그리스도 예수 안에서 하나님이 위에서 부르신 부름의 상을 위하여 달려가노라 빌 3:14

이 구절에서 두 번째로 중요한 단어가 나오는데 그것은 '달려간다', '좇아간다'는 단어입니다. 그러니까 바울은 현재 달려가고 있고 좇아가고 있습니다.

그가 바라보는 새로운 푯대가 무엇입니까? 예수님이 자신을 불러주신 그 부르심, 그 사명을 위해, 그 사명을 다하고 상 받을 그 날을 바라보며 그는 달리고 있습니다. 그는 아직도 달리고 있고 그 부르신 부름의 상을 위해 집중하고 있다고 고백합니다.

바울은 감옥에 갇혀 있으면서도 아직 자신의 사명이 끝났다고 생각하지 않았습니다. 그는 그 당시의 세계를 여행하며 가는 곳마다 복음을 전했고 교회를 세웠습니다.

바울은 팀 사역을 소중히 여겼습니다. 바울 주위에는 항상 소중한 동역자들이 있었습니다. 바울은 편지 말미에 동역자들의 이름을 열거합니다. 바울이 처음 사역을 시작했을 때 그를 이끌어준 중요한 선배가 바나바입니다. 바울이 전 세계를 다니며 사역할 때 함께한 가장 소중한 평신도 동역자가 브리스길라와 아굴라입니다. 바울의 가장 소중한 후배 동역자이며 바울의 전도여행에 동행했고 바울의 후계자로 에베소교회를 돌본 젊은 동역자가 바로 디모데입니다.

바울이 복음을 위해 달려가는 길에는 항상 소중한 동역자들이 그의 곁에 있었습니다.

바울의 미래 결산 – 기다리다

앞으로 얼마나 남아 있을지 모를 남은 생애를 바라보며 바울은 자신의 미래를 결산하는 중요한 단어를 사용하고 있습니다.

> 그러나 우리의 시민권은 하늘에 있는지라 거기로부터 구원하는 자 곧 주 예수 그리스도를 기다리노니 그는 만물을 자기에게 복종하게 하실 수 있는 자의 역사로 우리의 낮은 몸을 자기 영광의 몸의 형체와 같이 변하게 하시리라
>
> 빌 3:20,21

바로 '기다린다'는 것입니다. 바울은 주 예수 그리스도를 기다립니다. 우리의 구원을 완성시키기 위해 다시 오실 주님을 기다립니다. 그는 "만물을 자기에게 복종하게 하실 수 있는 자의 역사로 우리의 낮은 몸을 자기 영광의 몸의 형체와 같이 변하

게" 해주실 그분을 기다린다고 고백합니다. 영광으로 다시 오실 그리스도, 그분이 바로 바울의 미래입니다.

그런데 바울은 로마 감옥에 두 번 투옥 당했습니다. 첫 번째로 복음을 전하다가 체포되었을 때, 바울은 거기서 빌립보서를 썼습니다. 그 당시 상황은 험한 감옥에 갇혔다기보다 일종의 가택 연금 상태였습니다. 일반적으로 바울의 마지막 모습을 잘 보여주는 성경이 디모데후서입니다. 첫 번째 투옥에서 풀려나와 1년 미만의 기간 동안 바울은 마지막 불꽃을 사르며 전도했습니다. 그러다가 다시 체포되어 로마의 감옥에 두 번째 투옥되었는데, 두 번째 투옥된 감옥의 상황은 첫 번째와 전혀 달랐습니다. 빛줄기도 닿지 않는 깊고 습한 지하 감옥, 그런 곳에 바울을 가두라고 명한 바람이 바로 네로 황제입니다.

바울은 이제 자신의 마지막을 예감합니다. 그가 로마 감옥에서 마치 유언처럼 디모데에게 쓴 마지막 편지가 바로 디모데후서입니다.

> 전제와 같이 내가 벌써 부어지고 나의 떠날 시각이 가까웠도다 딤후 4:6

바울이 과연 어떤 광경을 연상하면서 이 편지를 쓰고 있다고 생각하십니까? 자신의 인생이 복음을 위해, 그리스도를 전하기 위해 제단 위에 제물로 다 드려졌다고 보는 것입니다.

또 떠날 시각이 가까웠다고 했는데, 이때 '떠난다'는 단어는 본래 배가 항해를 떠나기 위해 밧줄을 푼다고 할 때 쓰이는 단어입니다. 바울은 자신이 영원한 여행을 떠날 때가 되었다고 보았습니다. 한평생 복음을 전했고, 주님이 주신 사명을 다하였으니 이제 세상을 떠날 때가 되었다는 말입니다.

> 나는 선한 싸움을 싸우고 나의 달려갈 길을 마치고 믿음을 지켰으니 이제 후로는 나를 위하여 의의 면류관이 예비되었으므로 주 곧 의로우신 재판장이 그 날에 내게 주실 것이며 내게만 아니라 주의 나타나심을 사모하는 모든 자에게도니라 딤후 4:7,8

바울은 다음과 같이 선언적인 고백을 하고 있습니다.

"나는 선한 싸움을 싸웠고, 달려갈 길을 마쳤으며, 또 믿음을 지켰다. 이제 후로는 나를 위해 의(義)의 면류관이 예비되었으며 의로우신 재판장이 그날에 내게 주실 것이다!"

바울은 지금 네로라는 불의한 황제로부터 불의한 재판을 받아 사형을 기다리고 있습니다. 그러나 그는 의로우신 재판장이신 우리 주님이 다시 오시는 그 날에 자신에게 의의 면류관을 주실 것을 바라본다는 것입니다.

그는 결코 세상의 불의에 의해 자기 목숨이 희생된다고 여기지 않습니다. 바울은 그렇게 자신의 마지막 순간을 바라보고 있습니다.

참 아들 디모데

어두운 감옥에서 바울의 마음속에 떠오른 사람이 바로 디모데입니다. 바울은 디모데에게 자신이 드로아 가보의 집에 둔 겉옷과 가죽 종이에 쓴 것, 즉 성경을 가져오도록 부탁했습니다.

> 너는 겨울 전에 어서 오라 으불로와 부데와 리노와 글라우디아와 모든 형제가 다 네게 문안하느니라 딤후 4:21

그리고 편지를 마무리하는 마지막 순간에 바울은 이런 말을 남겼습니다.

"너는 겨울 전에 어서 오라."

배가 출항할 수 없는 겨울이 오기 전에 어서 오라는 말입니다. 그런데 바울이 단지 계절적인 겨울만 생각했던 것 같지는 않습니다. 자기 인생의 겨울, 삶을 마칠 마지막 겨울이 오기 전에 사랑하는 아들 디모데를 한 번 더 보기 원한 것입니다.

이토록 바울에게 디모데는 위로였습니다. 바울에게 육신의 아들은 없었지만 바울에게 디모데는 영적인 아들이었습니다. 바울은 그를 '사랑하는 아들', '참 아들'이라고 기록했습니다. 곁에 디모데가 있다면 자신의 마지막도 외롭지 않으리라 생각하고 디모데 보기를 고대했을지도 모릅니다.

영적 자녀를 남기는 인생

영적 자녀인 디모데를 둔 바울은 얼마나 행복한 지도자였습니까? 우리가 생(生)을 마감하고 눈을 감을 때, 우리 곁에 디모데와 같은 영적 자손이 있다면 얼마나 좋을까요?

"당신이 나의 영적인 아버지였습니다."

"당신은 나의 영적인 어머니였습니다."

이런 말을 해주는 사람들을 남긴다는 것이 얼마나 복된 일이겠습니까? 저도 미국 유학 시절 저를 도와주신 할아버지 한 분을 기억합니다. 그는 미국 CBMC 회장을 지내기도 한 월더 예거라는 장로님입니다. 이분이 돌아가셨을 때, 유언에 따라 그의 죽음을 널리 알리지 않았는데도 수많은 사람들이 장례식에 참석했습니다.

저도 그중 한 사람이었습니다. 장례식에 참석한 분들은 대부분 이분이 전도했거나 이분이 준 장학금으로 공부한 사람이었습니다. 미국의 장례식에서 특기할 만한 점이라면 고인(故人)을 떠올리며 그 분에 대해 많은 이야기를 나눈다는 것입니다. 저는 많은 사람들이 관에 누운 그를 바라보며 "그가 나의 영적인 아버지였습니다"라고 고백하는 것을 보았습니다.

나의 자녀가 육신의 자녀일 뿐만 아니라 영적인 자녀가 될 수 있다면, 부모의 믿음을 이어받은 영적 자녀를 남기고 떠날 수 있는 인생이라면 마지막 겨울을 맞이했다고 해도 결코 외롭지 않으리라 생각합니다.

바울은 로마 감옥에서 그가 전도한 수많은 사람들이 복음의 씨를 뿌리고 있을 것을, 교회가 자라고 있을 것을 바라보았습니다. 영적 아들 디모데를 생각했습니다. 로마 시민권자였던 바울은 그 후 참수형을 당했습니다. 그러나 그는 행복한 죽음을 맞이했습니다.

이 세상을 살다 떠나갈 때 자신이 영적 자녀들을 남길 수 있는 인생인지 한번 생각해보십시오. 누군가를 떠올리면 그가 나의 영적 아버지이며 영적 어머니였다고 할 만한 사람이 있습니까? 당신도 기꺼이 바울이 되시겠습니까? 당신의 디모데는 어디에 있습니까?

우리의 자녀가 부모인 우리의 영향을 받아 우리의 믿음을 먹고, 우리의 기도를 들어서 우리가 받은 복음을 이어나갈 영적인 자녀가 되기를 소망합니다. 우리가 소중히 여기는 예수님에게 붙들려 그들도 예수 그리스도를 전하는 인생을 살게 되기를 소망합니다.

11장 디모데의 사역

오직 복음을 위해
이루어지는 동역

우리는 복음을 위하여 함께 고난을 받는 공동체입니다.
복음을 위하여 당하는 고난을 받으십시오.
지금은 복음의 야성을 회복해야 할 때입니다.

디모데와 바울의 같은 점

영적인 아버지 바울은 과연 디모데를 어떻게 보았습니까?

제가 '디모데'에 대해 설교하기 위해서 디모데가 스스로 자신의 이야기를 하거나 디모데가 바울을 어떻게 바라보았는지 알 수 있는 구절이 있는지 성경을 찾아보았으나 잘 찾을 수 없었습니다.

따라서 바울이 보는 디모데의 모습을 살펴보고, 디모데와 바

울은 어떤 점이 같았는지 살피는 것으로 바울의 영적인 아들 디모데에 대해 알아보겠습니다.

첫째, 동심(同心)입니다

바울과 디모데는 같은 마음이었습니다.

> 내가 디모데를 속히 너희에게 보내기를 주 안에서 바람은 너희의 사정을 앎으로 안위를 받으려 함이니 이는 뜻을 같이하여 너희 사정을 진실히 생각할 자가 이밖에 내게 없음이라 빌 2:19,20

바울은 빌립보 교인들을 향해 자신과 같은 마음으로 그들의 사정을 진실하게 생각할 자가 디모데밖에 없다고 이야기하고 있습니다.

그러면 '같은 마음'이란 무엇입니까? 바로 빌립보 교인들을 향해 아비와 같은 마음으로 사랑하는 자, 바울과 같이 그들을 향한 생각이 자신의 모든 것이 될 수 있는 진실한 자가 디모데라는 것이 바울의 평가입니다.

'진실히'라는 단어는 영어로 'genuine'인데, 원어의 의미를 밝히면 가족, 친척과 같은 혈연의 관계에 '직계', '직통'이라는 뜻을 가지고 있습니다. 다시 말해 단순히 느껴지는 진실함이 아니라 피붙이처럼 마음 깊은 곳에서부터 직접 느껴지는 매우 가까운 관계의 모습을 말합니다.

또한 "너희 사정을 진실히 생각할 자"라는 구절에서 '생각한다'에 해당하는 헬라어 단어도 "걱정한다"라는 뜻을 포함하고 있습니다.

그러니까 사도 바울은 빌립보 교인들을 향해 참된 영적 아비인 자신처럼 같은 마음을 써줄 수 있는 사람, 친형제처럼 가족처럼 걱정해주는 사람이 디모데라고 말하는 것입니다. 누군가 자신의 사정을 진실히 생각해준다면 얼마나 고마운 일입니까? 그런 사람이 있다면 부럽지 않겠습니까?

함석헌 선생의 시 〈그 사람을 가졌는가〉라는 시의 일부가 생각납니다.

온 세상이 다 나를 버려도
마음이 외로울 때에도
"저 맘이야" 하고 믿어지는
그 사람을 그대는 가졌는가

세상에는 진실하게 생각해주는 척하는 사람들이 얼마나 많은지 모릅니다. 자기 유익을 구하면서 다른 사람을 위하는 척하는 사람들이 얼마나 많은지 모릅니다. 그런데 손해를 보더라도 자기 것을 챙기지 않고 오히려 그 사람의 사정을 진실히 생각하는 자를 가졌다면 그것은 정말 아름답고 소중한 일입니다.

사람이 힘을 가졌다고 함부로 하거나 힘이 없는 상대에게 매몰차게 구는 것이 아닙니다. 아무 힘이 없다고 힘 있는 자에게 친한 척, 아는 척하는 것이 아닙니다. 그 사람의 상황과 형편과 지위와 부귀와 학력과 생긴 모습에 관계없이 그를 진실하게 생각하는 사람이 필요합니다.

자기의 유익을 구하지 않는 것이 사랑인데, 우리는 지극히 이기적입니다. 진실히 남의 유익을 생각하는 자가 희소합니다. 사람들과 사진을 찍어보십시오. 사진이 나온 뒤 가장 먼저 보는 것은 누구나 예외 없이 자기 자신입니다. 자기가 나왔는지, 잘 나왔는지를 가장 먼저 확인합니다.

저희 가족이 오랜만에 모여서 가족사진을 찍은 적이 있는데, 그중 가장 잘 나온 사진을 확대해서 액자에 넣어 걸어두려고 했지만 어떤 사진으로 할지 서로 의견 통일이 이루어지지 않았습니다. 다 좋다고 하고 한 사람이 안 좋다고 하면 그 이유를 물어보십시오. 백이면 백, 자신이 잘 안 나왔기 때문이라고 말합니다. 그것이 우리의 본모습입니다.

우리가 마음을 같이하여 그 사정을 진실히 생각해주는 한 사람이 되어줄 수만 있다면 이 세상은 얼마나 아름답고 따뜻하게 변화되겠습니까? 그렇지만 우리는 사랑하는 가족에게조차 자기 욕심, 자기 생각, 나의 유익을 앞세우는 사람들입니다.

우리는 바울과 디모데에게서 사람을 사랑하는 마음, 그의 사정을 진실하게 생각하는 자의 모습을 발견할 수 있었습니다.

둘째, 동고(同苦)입니다

동고란 어려움을 같이한다는 뜻입니다.

> 그들이 다 자기 일을 구하고 그리스도 예수의 일을 구하지
> 아니하되 디모데의 연단을 너희가 아나니 자식이 아버지
> 에게 함같이 나와 함께 복음을 위하여 수고하였느니라
> 빌 2:21,22

바울은 디모데가 복음을 위해 자신과 함께 고난 중에 핍박을 받고 고통을 같이했음을 확증합니다. 복음 때문에 함께 당하는 고난이 바로 동고(同苦)입니다.
고린도후서 1장을 보십시오.

> 하나님의 뜻으로 말미암아 그리스도 예수의 사도 된 바울
> 과 형제 디모데는 고린도에 있는 하나님의 교회와 또 온
> 아가야에 있는 모든 성도에게 고후 1:1

그리스도 예수의 사도 된 바울과 형제 디모데를 가리켜 성경

은 곧바로 '우리'라는 단어를 쓰고 있습니다.

> 형제들아 우리가 아시아에서 당한 환난을 너희가 모르기를 원하지 아니하노니 힘에 겹도록 심한 고난을 당하여 살 소망까지 끊어지고 고후 1:8

이 구절을 읽고 느껴지는 고난의 모습을 상상해보십시오. 얼마나 고난이 심했으면 살 소망마저 잃어버릴 정도라 하겠습니까? 흔히 목사는 복음을 위해 고난을 받는 사람이라고 말합니다.

또 목사는 하나님 앞에서 이것이 준비되어 있어야 한다고 합니다.

"목사는 항상 이사할 준비가 되어 있어야 한다, 목사는 항상 먹을 준비가 되어 있어야 한다, 목사는 항상 설교할 수 있는 준비가 되어 있어야 한다, 목사는 항상 순교할 준비가 되어 있어야 한다"고 말입니다. 이중에서 저는 먹을 준비가 늘 잘 되어 있고 나머지 것들도 웬만하게 할 것 같았습니다. 다만 '항상 순교할 준비가 되어 있습니까?' 하는 대목에서 걸립니다.

저는 하나님 앞에 은혜를 구했습니다. 순교도 할 수 있을 것 같다는 기도를 드렸습니다. 그런데 한 가지 조건이 있습니다.

"대신 순교할 때 단번에 순교 당하게 해주십시오. 단번에 순교 당하는 것은 어쩌면 할 수 있을 것 같습니다. 하지만 힘에 겹도록 심한 고난을 당한 후에 순교 당하는 일은 정말 자신이 없습니다, 주님."

그러자 어떤 분이 그 일조차 하나님의 은혜로 하는 것이라고 말했습니다. 맞습니다. 우리는 연약합니다. 두려워합니다. 그런데 바울은 자신이 당한 고난이 얼마나 심한지 살 소망까지 잃어버릴 정도라고 했습니다.

디모데도 바울과 함께 이 고난을 당했습니다. 그렇기 때문에 바울은 그런 디모데를 보낸다고 담대히 말할 수 있는 것입니다.

"디모데는 나와 동고한 자다. 나와 함께 고난을 겪었다. 그가 당한 연단을 너희가 알지 않느냐?"

이보다 더 확실한 보증이 어디 있습니까?

우리는 복음을 위하여 함께 고난을 받는 공동체입니다. 우리 안에 복음을 위해 받는 고난이 있습니까? 우리의 실수나 우리의 어리석음 때문에 당하는 고난을 말하는 것이 아닙니다. 우리의 교만 때문에, 우리의 죄 때문에 받는 고난이 아니라, 복음 때문에 당하는 고난이 우리에게 있는지 묻는 것입니다.

흔히 요즘 교회 안에서 빈번하게 나오는 말이 뭡니까?

"나 상처 받았어!"

어떤 사람은 상처 받았다는 말을 듣고 그 말에 또 상처를 받는다고 합니다. 그러나 상처 받지 말고 고난 받으시기 바랍니다. 고난 받으라는 말씀 앞에 상처 받았다는 말이나 하고, 한국의 기독교가 왜 이리 연약해졌습니까? 하나님의 사람이 왜 온실의 화초처럼 굽니까?

성경은 우리에게 이렇게 말씀합니다.

> 너는 그리스도 예수의 좋은 병사로 나와 함께 고난을 받으라 딤후 2:3

복음을 위하여 당하는 고난을 받으십시오. 지금은 복음의 야성을 회복해야 할 때입니다.

셋째, 동역(同役)입니다

> 디모데의 연단을 너희가 아나니 자식이 아버지에게 함같이 나와 함께 복음을 위하여 수고하였느니라 빌 2:22

사도 바울은 디모데가 자신과 함께 복음을 위하여 수고하였다고 했습니다. 이때 '수고하다'라는 단어의 뜻은 목표를 달성하기 위해 함께 일하고 힘을 들이는 것을 말합니다. 그러니까 바울은 디모데가 자신과 함께 복음을 위해 동역했다고 말하는 것입니다.

이때 재미있는 것이 그 표현입니다. "자식이 아버지에게 함같이", 원어를 좀 더 자세히 살피면 '자식'이 아니라 '아이'를 가리킵니다. 그것도 장성한 아들이 아니라 작은 어린 아이입니다. 그런데도 바울은 '자식이 아버지에게 하듯이' 디모데가 나와 함께 복음을 위해 수고했다고 말하는 것입니다.

이 말씀을 읽으면서 제 마음에 떠오르는 그림이 하나 있었습니다. 그것은 우리 주님이 자라나면서 아버지를 도와 목수 일을 배우듯 아이가 아버지와 함께하는 모습입니다. 아버지나 어머니가 아들 또는 딸과 함께 무엇을 같이하거나 어디를 같이 가거나 가르쳐줄 때 오는 느낌, 그 기쁨과 만족 같은 감정을 떠올려 보십시오.

바울이 디모데와 함께 복음을 위해 수고하면서 "이게 바로 복음이야, 이게 바로 복음의 능력이야, 사역은 이렇게 하는 거지"라고 말하고 가르치는 아름다운 모습, 바로 동역의 영광스러운 모습이 떠오르지 않습니까?

제가 지구촌교회의 후임 담임목사로 결정된 뒤 한국에 나와 이동원 목사님을 만나뵈었습니다. 목사님이 저를 보시고 첫마디가 이 말씀이었습니다.

"이제 우리는 한 가족이에요. 떼려야 뗄 수 없는 관계죠. 당신이 잘해야 내가 잘하고, 내가 잘해야 당신이 잘하는, 우리는 한 가족입니다."

사도 바울도 바로 그 이야기를 하고 있습니다. 이렇게 바울과 디모데는 그리스도 안에서 동심(同心), 동고(同苦), 동역(同役)을 나눈 한 가족이었습니다.

우리도 한 가족입니다. 오늘 우리의 삶 가운데 주의 사랑으로 그 사람의 사정을 진실히 생각해주는 마음, 사람을 진실하게 사랑하는 마음, 그 동심(同心)이 있기를 간절히 바랍니다. 우리의 삶 가운데 복음을 위하여 고난을 마다하지 않는 동고(同苦)가 있기를 바라고, 우리에게 주신 하나님의 사명을 다하기 위해 함께 수고하는 위대한 동역(同役)이 일어나기를 바랍니다.

> 에필로그

하나님의 교회는 흥하여야 하겠고
나는 쇠하여야 하리라!

후임목사가 되는 것은 결코 쉬운 일이 아닌 것 같습니다. 더욱이 이동원 목사님처럼 모든 사람들의 존경과 사랑을 받으며 설교와 영성이 탁월하신 분의 후임자로 선다는 것이 제게 엄청난 부담과 두려움을 가져왔습니다.

그런데도 하나님은 하나님의 교회에 누군가를 후임자로 세워야 하셨고, 특별히 그 자리에 저를 부르셨다고 생각하니, 저는 하나님의 그 부르심을 겸허히 받들게 되었습니다. 그 부르심이 분명하다면 그 부르심과 함께 주시는 사명 또한 분명히 볼 수 있으며, 어떤 일에도 흔들리지 않고 주께서 부르신 그 길을 따라갈 수 있으리라 믿었습니다.

영혼을 사랑하시는 하나님의 마음을 품고

저는 하나님께서 제게 맡기신 영혼들을 향해 제가 줄 수 있는 최고의 것, 가장 좋은 것을 나누고 싶습니다. 저의 궁극적인 목회와 섬김의 목적이 바로 그 영혼들을 부유하게 하고, 성장하게 하고 성숙하도록 이끄는 데 있기에 나의 부족함과 연약함을 채워주시는 원로목사님의 섬김과 도움을 마다할 이유가 없다고 생각했습니다.

뿐만 아니라 후임 목사로서 성숙한 리더십 승계와 이양을 감당하기 위해서는, 원로목사님에 대한 사랑과 존경이 진심이어야 한다고 믿습니다.

내가 얻을 수 있는 이득이나 도움이 되는 상황을 위해서, 내 자신을 위해서 드리는 사랑과 존경이라면 그것은 오래갈 수도 없고 진짜도 아닙니다. 처음에는 제법 그럴듯하게 보일 수 있고, 또 어느 정도 성공할 수 있을지 모르나 진심으로 존경하고 사랑하지 않으면, 진정한 신뢰는 나오지 않습니다.

이에 후임자로서 하나님의 교회를 여기까지 귀하게 인도하신 원로목사님에 대한 진정한 존경과 사랑을 다시 한번 확인해 봅니다.

건강한 리더십

무엇보다 후임자인 저에게 자신의 부족함을 절실히 깨닫고, 자신을 과대평가하지 않는 겸손한 자세가 꼭 필요하다고 생각합니다.

어쩌면 후임자를 향해 찬사가 쏟아질 수 있고, 새로운 변화에 대한 긍정적인 평가가 나오고, 사람들의 관심 또한 대단히 높아질지도 모릅니다.

그러나 후임자인 제가 잊지 말아야 할 것은, 그것이 결코 후임자 때문에만 일어나는 일이 아니라는 사실입니다. 원로목사님께서 하나님의 경륜 가운데 눈물을 흘리며 씨를 뿌렸기 때문에 비로소 후임자의 새로운 섬김과 사역 가운데 그 열매가 맺히기 시작한 것입니다.

따라서 후임자의 성공에는 전임자의 수고와 기도가 있었다는 사실을 인정하고, 후임자에게 쏟아지는 성공의 찬사도, 결국 그 영광을 하나님의 은혜와 원로목사님의 수고와 눈물의 기도에 돌려야 함을 제 자신과 교회 앞에서 인정할 수 있어야 한다고 믿습니다.

요즘 제 마음에 가장 깊이 와 닿는 말씀은 세례(침례) 요한의 유명한 말씀입니다.

그는 흥하여야 하겠고 나는 쇠하여야 하리라 요 3:30

예수 그리스도와 하나님의 교회에 대한 그의 신앙의 우선순위를 바라보면서 저 역시 가장 먼저 하나님의 교회에 우선순위를 두고, 나를 죽여 나갈 때, 나 자신을 부인하고, 나의 십자가를 지고 주님을 좇으며, "하나님의 교회는 흥하여야 하겠고, 나는 쇠하여야 하리라"라는 말을 되새겨봅니다. 그때 비로소 건강한 후임자의 리더십을 세워 나갈 수 있을 것입니다.

오늘도 무릎을 꿇으며

교회마다 역사와 문화가 다릅니다. 지구촌교회의 리더십 승계와 이양이 결코 모든 한국 교회의 모델이 될 수 없음을 인정합니다. 아니 오히려 감히 모델이라 제시하고 싶지 않습니다.

다만 하나님의 교회를 사랑하는 마음으로, 제가 있는 곳에서 하나님이 주신 영혼들을 향하여, 하나님께 영광을 돌릴 수 있는 가장 최선을 길에서, 저는 무릎을 꿇을 것이고, 의견을 모을 것이고, 조언을 청할 것이고, 그리고 하나님의 음성을 듣고자 합니다.

이동원 원로목사님의 사랑과 관심과 기도 가운데 얼마나 많은 교인들이 행복해 하는지 모릅니다. 마치 엄마, 아빠가 사이 좋게 잘 지내는 것만으로도 가정에 웃음꽃이 피어나는 집안의 모습을 상상하게 합니다. 그들의 행복이 바로 목회자인 저의 행복입니다.

어느 한순간도 방심할 수 없는 목회의 현장에서 초심(初心)을 잃지 않고 제게 맡겨진 일에 성실히 최선을 다하는 것, 그것이 저의 부족함을 채우시고 신실하심 가운데 풍성한 길로 인도하시는 하나님의 은혜의 장중(掌中)에 거하는 길이라 믿습니다.

가보지 않은 길을 가기 때문에, 부족하고 연약한 저의 모습을 알기에, 오늘도 저는 마음의 무릎을 꿇고 주님께 이렇게 고백합니다.

"주님, 저를 불쌍히 여겨주옵소서."

지구촌교회 담임목사 진재혁

아름다운 동역

초판 1쇄 발행	2011년 3월 14일
지은이	이동원 · 진재혁
펴낸이	여진구
책임편집	안수경
편집 1실	이영주, 박민희
편집 2실	김아진, 최지설, 오은미
기획 · 홍보	이한민
책임디자인	이유아, 정해림 ǀ 이혜영, 전보영
해외저작권	최영오
마케팅	김상순, 강성민, 허병용, 이기쁨
마케팅지원	최태형, 최영배, 이명희
제작	조영석, 정도봉
경영지원	김혜경, 김경희
이슬비전도학교	엄취선, 전우순, 최경식
303비전성경암송학교	박정숙, 정나영, 정은혜
303비전장학회 & 303비전꿈나무장학회	여운학
펴낸곳	규장

주소 137-893 서울시 서초구 양재2동 205 규장선교센터
전화 578-0003 팩스 578-7332 이메일 kyujang@kyujang.com
홈페이지 www.kyujang.com 트위터 twitter.com/_kyujang
등록일 1978.8.14. 제1-22

ⓒ 저자와의 협약 아래 인지는 생략되었습니다.
이 출판물은 저작권법에 의해 보호를 받는 저작물이므로 무단 전재와 무단 복제를 할 수 없습니다.

책값 뒤표지에 있습니다.
ISBN 978-89-6097-192-9 03230

규ǀ장ǀ수ǀ칙

1. 기도로 기획하고 기도로 제작한다.
2. 오직 그리스도의 성품을 사모하는 독자가 원하고 필요로 하는 책만을 출판한다.
3. 한 활자 한 문장에 온 정성을 쏟는다.
4. 성실과 정확을 생명으로 삼고 일한다.
5. 긍정적이며 적극적인 신앙과 신행일치에의 안내자의 사명을 다한다.
6. 충고와 조언을 항상 감사로 경청한다.
7. 지상목표는 문서선교에 있다.

하나님을 사랑하는 자 곧 그의 뜻대로 부르심을 입은 자들에게는 모든 것이 合力하여 善을 이루느니라(롬 8:28)

Member of the
Evangelical Christian
Publishers Association

규장은 문서를 통해 복음전파와 신앙교육에 주력하는 국제적 출판사들의 협의체인 복음주의출판협회(E.C.P.A:Evangelical Christian Publishers Association)의 출판정신에 동참하는 회원(Associate Member)입니다.